DU TRAVAIL

ET

DE SES CONDITIONS

AUTRES OUVRAGES DE M. H. DEPASSE

Transformations sociales (*Bibliothèque d'histoire contemporaine.* F. ALCAN). 1 vol. in-12 . . . . 3 fr. 50.

Le cléricalisme; 2e édition (DREYFOUS).

Suppression du cumul législatif (E. DENTU).

Paris, son maire et sa police (G. CHAMEROT).

Carnot (*Bibliothèque de la Jeunesse.* H. MARTIN).

ÉVREUX, IMPRIMERIE DE CHARLES HÉRISSEY

DU TRAVAIL

ET

DE SES CONDITIONS

(CHAMBRES ET CONSEILS DU TRAVAIL)

PAR

HECTOR DEPASSE
Membre du Conseil supérieur du travail,
Directeur de la *Prévoyance et de l'Assurance sociales*,
au Ministère du Commerce et de l'Industrie.

PARIS

ANCIENNE LIBRAIRIE GERMER BAILLIÈRE ET Cie

FÉLIX ALCAN, ÉDITEUR

108, BOULEVARD SAINT-GERMAIN, 108

1895

AVANT-PROPOS

« Faire au travail sa place dans la société, et, ce faisant, agrandir et enrichir la vie sociale » ; j'écrivais ces mots, il y a un an, dans l'avant-propos des *Transformations sociales,* ils résument tout aussi bien le présent volume.

Heureux, ceux de nos anciens qui se glorifiaient d'avoir consacré la moitié de leur vie à un seul ouvrage, pour lui donner sa forme propre et définitive! Tout nous fuit et nous échappe. Les gouvernements et les situations passent devant nos yeux comme des ombres sur l'écran mobile de la destinée.

Tiens ton rôle et dis ta phrase à la hâte, car tu ne sais pas si la liberté te sera accordée de la dire demain, ni si elle aura demain le sens et la couleur que tu as voulu lui donner aujourd'hui.

Il faut le long effort d'un grand esprit pour disposer sur le papier toutes les parties d'un beau système, mais il ne faut qu'un moment pour y verser tout son cœur ; et, si la fuite précipitée des temps ne nous permet plus le noble soin d'écrire, nous pouvons leur jeter au passage un sentiment, une aspiration qu'ils emporteront avec eux et qui deviendra le germe de livres et de lois que d'autres réaliseront quand nous ne serons plus.

Faire au travail la place qui lui appartient, que l'ignorance et le préjugé lui contestent, et que chaque jour il revendique avec une ardeur plus forte ; la lui préparer, cette juste place, par la liberté et par la paix, si je pouvais dans une imperceptible mesure contribuer à ce résultat, je croirais avoir participé à la plus glorieuse des conquêtes.

Faire au travail sa place, et, ce faisant, agrandir la société française et humaine, apporter de nouveaux éléments de jeunesse à la constitution intime de la patrie, renouveler la fertilité d'un domaine économique que fatiguent les abus d'une exploitation aveugle, si je pouvais pour la plus faible part, à jamais ignoré de mes concitoyens, contribuer à un tel résultat, je croirais avoir obtenu tout le prix de ma vie.

Travailler est le propre de l'homme ; avant tout, travailler, c'est penser. L'être qui réfléchit et qui trouve, qui combine deux termes et en forme une troisième, travaille. Descartes a prodigieusement travaillé quand il pensa son *Discours de la Méthode*, et ensuite le composa. Celui qui pense l'architecture d'un édifice en est le premier ouvrier, avant le constructeur et le maçon. Instruire ses frères, secourir les malheureux, combattre les tyrans, défendre son pays, c'est travailler.

C'est travailler que de rassembler ou de séparer les diverses formes de la matière, de clouer, de hacher, de découper, de raboter, de scier, de fraiser, de forer et d'estamper, si on le fait avec la volonté de le faire bien et mieux encore, et avec la conscience explicite ou implicite de remplir ainsi son devoir social.

Ceux qui ont inventé et perfectionné l'imprimerie, le microscope, le télescope, la vapeur, les chemins de fer, le télégraphe électrique, le téléphone, furent de grands ouvriers; le plus humble travailleur les égale en mérite, s'il fait chaque jour dans sa partie un effort pour réaliser sa notion du mieux.

Je reconnais le travail dans l'effort réglé d'une volonté libre, qui s'applique à exécuter quelque forme, toujours plus parfaite en son genre, du beau, du vrai ou du bien; cette forme peut être de la plus haute ou de la plus basse condition, c'est toujours le travail, avec son vrai caractère, s'il présente ces trois signes : la liberté, l'ordre et le perfectionnement.

L'agitation d'une fantaisie débridée n'est pas le travail, ni le morne tourment du prisonnier obligé à une tâche qui recommence toujours la même; et n'est-ce pas une grande absurdité, un outrage à la nature des choses, lorsque le scélérat s'écrie, dans son succès, qu'il a bien travaillé?

Travailler pleinement, c'est déployer dans leur ordre toutes les facultés, toutes les énergies de son être pour remplir, en quelque lieu que l'on ait été placé, sa tâche d'homme et de citoyen. Socrate travaillait pleinement, philosophe, poète et soldat, quand il enseignait les enfants d'Athènes, défendait sa patrie avec l'épée, et mourait pour la vérité. Les artisans de l'Hellas travaillaient pleinement quand ils mettaient dans leurs ouvrages les plus ordinaires un rayon de l'art immortel. Les Italiens, à la première aurore de la Renaissance, architectes, sculpteurs, peintres, graveurs, ciseleurs tout ensemble, et citoyens de la République idéale, furent des types du travail humain dans son expression complète.

Notre siècle porte son activité dans toutes les sphères de l'esprit et de la matière ; il a diminué l'étendue et multiplié le temps, sondé la terre et le ciel, créé des industries merveilleuses ; il a élargi par des luttes héroïques les domaines de la liberté et de l'égalité : nul siècle n'avait encore exercé dans cette plénitude le génie et la vertu du travail.

Mais il est arrivé par la séparation utile de chaque branche des sciences, des arts et des métiers, — et chaque branche a pu ainsi verdoyer et fleurir et développer sa vigueur dans la lumière du plein air, — il est arrivé que les individus ont cessé de travailler suivant les principes de cette belle et féconde unité qui fait l'honneur de l'ouvrier et du citoyen.

Comment retrouverons-nous l'unité organique

du travail? Comment pourrons-nous reconstituer la personnalité humaine et civique dans la multitude de ceux qui sont assujettis aux infinies divisions du travail moderne? Et, si nous ne le pouvons pas, comment ferons-nous porter sur les atomes épars d'une démocratie en poussière, les fondements d'un édifice politique?

Il y eut un temps en France où les patrons restaient ouvriers et les ouvriers, apprentis et compagnons, devenaient patrons en restant des travailleurs. Alors le capital industriel et le travail étaient réunis; le capital était modeste et toujours borné en son progrès même; le travail, modéré et consciencieux. Vie commune, mêmes mœurs, et un idéal unique pour tous. Cet âge a connu des classes violemment despotiques et des classes horriblement opprimées, mais le travail n'en formait qu'une; c'était une même société, un même monde.

Les conditions de la vie moderne, le développement de l'industrie mécanique, l'étendue des relations commerciales avec les peuples les plus éloignés, et les capitaux nombreux, les puissantes facultés d'organisation et d'administration devenues indispensables à la pratique journalière de cette industrie et de ce commerce, tout a contribué à rendre le passage de l'état d'ouvrier à l'état de patron de plus en plus abrupte, pour ne pas dire absolument impraticable.

Alors, qu'arrive-t-il? C'est que deux classes se forment, ayant chacune leurs mœurs, leurs préjugés, leur politique. Quand l'état d'ouvrier se fixe, quand il se consolide dans une certaine partie du peuple, n'est-il pas vrai qu'une classe ouvrière est formée? Si elle est formée, il faut lui donner ses lois, ses garanties; et ces garanties et ces lois définissent et consolident de plus en plus la classe ouvrière en dehors de la classe patronale.

Alors, au lieu de l'unité du travail, on a ce que nous voyons : la guerre civile du travail et l'anarchie industrielle.

Au sein de la guerre même, ces adversaires ont étonnamment travaillé, ils ont inventé et perfectionné, avec une émulation incroyable; nous avons assisté à un épanouissement de la richesse que l'ancien ordre de choses n'aurait jamais donné. Ainsi ces républiques, qui, pendant un temps, semblent emprunter leur sécurité à leurs divisions mêmes, et sur lesquelles la lutte incessante de leurs meilleurs citoyens jette un éclat extraordinaire.

Mais il ne faudrait pas trop se fier à ces jeux de la politique et de la passion; les mêmes causes qui ont excité et soutenu pendant un temps l'effort d'une fécondité enthousiaste et fébrile, mère de chefs-d'œuvre, amènent l'épuisement par une transition dont on ne remarque pas toujours la marche.

L'existence de ces deux classes, cent ans après la Révolution française, dans un pays d'égalité et de liberté qui a juré à la face du monde l'abolition des classes, est directement contraire à nos principes. Faudra-t-il nous déclarer impuissants à arrêter cette formation morbide et parasitaire? Ce phénomène est-il devenu irréductible, déjà plus fort et plus vivant que notre constitution elle-même, et n'avons-nous plus d'autre parti à prendre que celui de le laisser promener ses ravages et sa gangrène dans tous les tissus de l'organisme social? Ou pourrons-nous par quelque moyen enrayer le désordre, reconstituer l'unité du travail et l'unité de conscience du travailleur?

Nous essayons de répondre à ces questions

dans les pages qui ont formé le volume actuel; la science, l'instruction, la liberté : remèdes généraux; les chambres et les conseils du travail : remèdes spécifiques; ce sont là des commencements de réponse, encore faibles et insuffisants, on en convient. Ces commencements contiennent une suite que peut-être nous développerons plus tard. C'est la logique qui mène le monde, quoiqu'en pensent les fantaisistes : je mets en sa souveraineté mon recours contre tout arbitraire.

Les solutions des problèmes sociaux seront trouvées; il est à croire qu'elles se trouvent un peu tous les jours, puisque nous vivons. Cette vie aurait cessé déjà, si les problèmes qu'elle comprend ne se résolvaient pas dans une certaine suite et un certain ordre; continuons de chercher et de travailler, ne fût-ce que pour l'exercice du travail en soi.

Le travail produit un double effet qui tient du prestige et qui enchante l'imagination. Il développe l'étendue de notre vie et il en diminue le poids, il abrège la durée du temps et néanmoins il la multiplie. Toutes les journées sont comptées, chaque heure a son prix et sa figure quand on travaille. Toutes ces heures qui se lèvent dans la vie active et pensante sont comme un cortège qui vous accompagne le long de la route et vous en diminue la longueur par un entretien familier. Vous vous avancez au milieu de visages amis, qui naissent à chacun de vos pas; ainsi vous approchez du but de la destinée sans avoir remarqué le fardeau croissant de la distance parcourue. Déjà vous êtes à mi-côte et vous croyez à peine être parti. Mais si vous vous retournez un moment, pour regarder cette existence qu'on laisse derrière soi, vous découvrez les longues perspectives des arbres que vous avez plantés, des jardins que vous avez semés, des maisons que vous avez construites, la file des œuvres, quelles qu'elles soient, des actes et des pensées qui ont marqué chacun de vos jours, et ce chemin qui se déroule, plein de souvenirs de vous, alignés dans leur ordre, vous apparaît dans un prolongement pittoresque et consolateur. Quoi! vous avez eu une si longue vie, si bien remplie, et finie déjà! si brève, si légère à porter! Vous avez accompli un bien grand voyage, dont toutes les étapes sont désignées sur la carte de votre souvenir, et déjà vous êtes arrivé au but, sans y penser, avec la rapidité de l'éclair. Vous allez vous reposer, vous allez entrer dans la grande vie pacifique universelle.

Ce siècle, si grand par la grandeur comme par la quantité des travaux, des découvertes, et des révolutions qui l'ont occupé, touche à son accomplissement final. Le plus considérable des siècles a passé avec une vitesse foudroyante, parce qu'il a beaucoup travaillé. Il a poursuivi sa tâche formidable à travers les catastrophes, les écroulements, les désastres des patries, sans s'y arrêter, comme un homme fortement appliqué à son travail, qui ne sent ni les rigueurs du temps ni ses mains déchirées, et aujourd'hui qu'il a terminé sa partie, il va passer la suite à un autre.

L'hypothèse du dix-neuvième siècle épuisée touche au moment où elle va s'évanouir, et, du fond des horizons sans bornes, une nouvelle hypothèse surgit, s'avance pour recueillir, enrichir et transformer les résultats du siècle qui s'achève.

Ainsi l'homme et le temps travaillent ensemble à des œuvres qui sont la science, la justice, la liberté, la solidarité, et l'édification d'une conscience universelle. Comment croire que le travail soit une marque de l'infériorité de l'homme, comme on l'a dit, puisque l'effort essentiel, l'exercice fondamental du travail consiste à penser et à réaliser le vrai ? Le travail est tout l'homme, et il n'y a rien, rien de l'homme qui ne soit du travail; c'est au travail que tu dois ton champ, ta maison, ta moralité, ton âme, et les choses ont été arrangées de telle sorte pour ton repos, que tu resteras toujours dans l'ignorance de ta dette.

H. D.

28 avril 1895.

DU TRAVAIL

ET DE

SES CONDITIONS

I

DE L'IDÉE ET DE L'AVENIR DES CONSEILS DU TRAVAIL

La démocratie qui chaque jour s'élève par l'impulsion générale du progrès de l'esprit humain aspire à de nouveaux principes d'ordre et d'équilibre, elle demande des lois que les législateurs du commencement du siècle n'avaient pas prévues ; mais la Révolution française contenait implicitement tout cet ordre de choses qui de plus en plus se développe avec le succès croissant des sciences expérimentales.

Une analyse superficielle peut seule porter à croire que ce mouvement démocratique et scientifique va au rebours de la Révolution d'où il procède.

Nous voyons des contradictions dans ce qui n'est que la suite naturelle des idées et des faits, parce que le mouvement ne s'arrête pas au point que nous avions marqué et qu'il dérange nos combinaisons. Mais la Révolution française, le plus étonnant des épisodes jusqu'à présent connus dans l'évolution générale de l'humanité, se poursuit sous nos yeux, et c'est à nous de chercher comment s'y rapportent les phénomènes auxquels nous assistons, à moins d'admettre que le *génie qui file la trame de l'histoire* prenne plaisir à se confondre lui-même.

II

Aller au rebours de la Révolution de 1789 : comment serait-ce possible? Qu'en sait-on en tout cas? Pour que nous puissions nous faire une idée exacte de la marche et du travail de la Révolution française, il faudrait qu'elle fût finie. Le sera-t-elle jamais? Arriverons-nous jamais à la conclusion de ce livre qui s'est ouvert au coup de vent de 1789? Arriverons-nous à la péroraison du grand discours de l'histoire universelle et de l'évolution humaine? Comment jugerions-nous ce drame, cette épopée et cette odyssée, avant d'en avoir vu la fin? Et cette fin, comment nous, ou ceux qui viendront après nous pourraient-ils la voir? Comment pourrions-nous connaître le mot de notre destinée, puisque nous ne pouvons pas le connaître avant qu'elle soit entièrement accomplie?

Voilà pourquoi nous marchons toujours dans les ténèbres. Il faut marcher cependant, comme on peut, à tâtons, en se traînant, en frôlant les murailles; il faut marcher avec foi, avec modestie, avec fierté, avec courage, avec désintéressement, et nous résigner à ne pas savoir où nous allons et par où nous passons; il faut accepter cette ignorance inséparable de la position où nous sommes dans l'espace et dans le temps.

Lecteurs d'un livre dont la dernière page ne sera lue par personne, spectateurs d'un spectacle dont aucun ne saura le dénoûment, dont nous ne verrons jamais abaisser le rideau, tels nous sommes et tels seront tous les autres qui rempliront le théâtre après nous, au parterre ou dans les loges, peu importe; cette ignorance est égale à toutes les places, pour l'homme de génie et pour l'imbécile.

Nous serons arrachés au milieu de la pièce, quand nous vivrions encore des milliers d'années, et c'est pourquoi l'intérêt est minime de rester un peu plus ou un peu moins longtemps à un spectacle qu'on est sûr de ne pas connaître dans ses péripéties les plus intéressantes.

Nous n'en sommes qu'au prologue et ce sera toujours le prologue. Le rideau s'abaissera sur nous, sur nos yeux, sur notre intelligence, mais non pas sur la pièce qui fournira encore après nous on ne sait combien de scènes plus belles et plus étonnantes, plus curieuses et plus pathétiques les unes que les autres.

Vous nous direz le mot de la Révolution française, quand elle sera terminée, pas avant, je le pense, car vous êtes trop consciencieux pour ne pas vouloir lire le texte complet avant d'en faire la critique. Mais ce texte complet vous ne l'aurez jamais, vous en possédez à peine quelques pages tronquées et absolument séparées pour vous de toutes celles qui vont suivre, et qui se dérouleront dans les siècles des siècles; après cela dites-nous le mot, mes maîtres, et prononcez votre jugement.

III

Notre République a édicté successivement les lois relatives aux syndicats professionnels, aux délégués mineurs, chargés de surveiller les conditions du travail dans les mines, à la réforme des conseils de prud'hommes, aux contrats de louage et aux salaires, à l'hygiène des ateliers, aux heures de travail pour les femmes et les enfants; elle s'est efforcée par là de mettre plus d'équité avec plus de liberté dans la société industrielle, et d'assurer aux ouvriers une part un peu moins précaire dans les bienfaits de la civilisation et dans les garanties que l'ordre social doit offrir à tous.

Ces lois, il est vrai, ont été faites au jour le jour, sans beaucoup de coordination ni de méthode, et, ramenées sans cesse dans la discussion, au milieu des vives perplexités des plus sages esprits, elles ne paraissent pas encore assurées d'une forme stable. Mais ce n'est pas le propre de l'homme de faire des œuvres définitives; notre conception même du progrès comporte un élément d'instabilité nécessaire. Si la loi, telle que nous l'entendons aujourd'hui, n'est pas une lettre morte, une limite extérieure et rigide, si elle vit, évolue et se développe avec la société elle-même, nous sommes affranchis de la prétention superbe et vaine d'arriver à l'écriture définitive d'un texte qui ne sera jamais achevé !

L'institution de chambres et de conseils du travail, où les patrons et les ouvriers pourraient s'expliquer entre eux sur les questions qui les rapprochent et qui les divisent, semble être le complément naturel de plusieurs de ces lois que la démocratie s'est données depuis une dizaine d'années ; elle soutiendrait ces lois éparses, les relierait les unes aux autres et elle suppléerait à ce qui leur manque ; elle pourrait même, si elle trouvait un jour dans l'application son plein effet, par l'accord des ouvriers et des patrons devenus capables d'entrevoir les glorieuses destinées de l'industrie humaine, elle pourrait, dis-je, rendre la plupart de ces lois inutiles et elle les remplacerait avec infiniment d'avantage pour la paix, la facilité et la productivité de la vie industrielle.

Sans tomber dans la ressemblance des anciennes corporations, mais au contraire en se distinguant d'elles par des traits marquants et par un caractère tout nouveau, pénétré de l'esprit du XVIIIe siècle et de la Révolution française, les chambres et les conseils du travail aideraient à ramener l'harmonie dans les sphères orageuses de notre monde économique.

La création de ces chambres et de ces conseils serait en même temps une occasion excellente pour chercher à accorder l'action de l'État avec l'initiative des individus ou des groupes d'individus, et ainsi elle serait comme une règle et un exemple pour d'autres solutions partielles de l'un des problèmes les plus importants de la politique de tous les siècles.

La question de l'accord à établir entre l'initiative naturelle à l'homme et le pouvoir agissant de l'autorité publique qui, elle aussi, vit d'initiative, cette question a son origine dans les premiers commencements des sociétés; elle a sans cesse modifié à travers les âges les éléments de sa composition; elle a fait naître toute la série des gouvernements et des lois sur lesquels s'est imprimé l'effort persévérant de l'esprit humain à la recherche de l'ordre et de la liberté ; elle a pris, de notre temps, avec la formation des démocraties, une complexité et une étendue qu'aucun autre siècle n'avait soupçonnées.

L'homme moderne, accru de tous les droits et jouissances que la civilisation lui a procurés, souffre plus cruellement de sa faiblesse en face de ces vastes administrations gouvernementales, militaires, industrielles, financières, que le temps, la science et les révolutions ont concouru à augmenter et à alourdir continuellement. Il est obligé de se débattre contre trois sortes d'adversaires principaux : écrasé par l'organisation socialiste et communiste de notre régime économique, foulé par l'Etat que tous les jours surchargent plus de fonctions, de services et d'agences, tyrannisé par l'opinion qui devrait être son auxiliaire et qui peut devenir l'ennemi le plus redoutable de son autonomie morale, l'individu humain, dans l'épanouissement de la civilisation, ne constate que son néant.

Au milieu des merveilles sans nombre d'une industrie artiste et savante, dans le tumulte assourdissant d'une publicité sans frein qui l'obsède, cet individu surmené ne parvient plus à se retrouver lui-même et, dans aucune autre époque, il n'a peut-être moins possédé d'existence propre et personnelle que dans les derniers jours du plus progressiste de tous les siècles.

L'individu ouvrier en particulier, assujetti à des dominations anonymes et collectives de l'ordre administratif et de l'ordre mécanique chaque jour plus accablantes, ne reconnaît plus dans ce régime aucun vestige de la liberté de la vie, et si le siècle actuel lui a apporté cette condition étonnante et contradictoire à l'apogée de toute science, il se demande, consterné, quel ne sera pas le sort des travailleurs au siècle prochain?

Partant de cette vue générale de la société contemporaine, un certain nombre d'esprits se divisent en deux directions. Aux uns cette impuissance de l'individu est un argument péremptoire pour consommer son abdication et sa ruine. Ils ne parlent que de livrer à l'État, considéré comme le seul agent efficace d'amélioration, le peu de liberté échappée au pillage de tant d'ennemis conjurés pour sa ruine; ils tendent à placer sous l'autorité de la loi toutes les relations du travail humain, la distribution des salaires et des produits, les contrats privés; à ne rien laisser de la vie sociale, familiale, individuelle, sous le rapport économique, intellectuel ou moral, qui ne soit bientôt confondu dans le domaine de l'État, empire du chaos; ils demandent au gouvernement de fixer les tarifs du marché, de s'arroger la maîtrise de l'agriculture, de l'industrie et du commerce, de dicter à toutes les parties d'un corps social infiniment varié la formule mathématique du mouvement des échanges, portant ainsi la chimère de la protection, ou, comme on dit, de la *socialisation*, ce qui revient au même, par delà les bornes extrêmes du plus barbare despotisme.

D'autres, au contraire, voyant que l'État s'est attribué de telles ingérences qu'il tend à augmenter sans cesse, ont résolu désormais de lui tout refuser : ils repoussent instinctivement et sans distinction toute proposition de loi qui paraîtra même le plus naturellement appelée par les besoins nouveaux d'une société industrielle profondément différente de toutes les anciennes formes. Ils exigent que cette individualité écrasée et défigurée par la pression des forces collectives se relève par sa propre vertu, sans l'aide d'aucun point d'appui extérieur. Le seul et mortel ennemi de l'initiative à leurs yeux, c'est l'État ou la loi; ils ne considèrent ni la ligue des intérêts dominants, ni la tyrannie d'une opinion dirigeante qui possède des moyens irrésistibles pour imposer ses caprices énormes; ils ne calculent pas le poids formidable d'une société extraordinairement complexe qui saisit l'individu dans le réseau de ses coutumes dix fois séculaires, et contre laquelle un gouvernement neuf, dégagé et progressiste, pourrait réagir au profit de la liberté des individus; ils ne voient d'autre obstacle à cette liberté que l'État, ils dirigent exclusivement sur lui tous leurs coups, et ils se portent dans leur opposition systématique jusqu'aux confins de l'anarchie.

Ces deux dispositions d'esprit s'engendrent l'une l'autre par leur propre excès, celle qui tend à absorber dans l'État toute expression de vie personnelle et toute variété d'initiative suscitant cette autre disposition qui ne va à rien de moins qu'à l'éparpillement et à la dispersion de tout l'État.

Et si ces deux tendances, attirant chacune de son côté un nombre plus ou moins grand d'individus, se neutralisent en quelque sorte, ou si elles s'exercent successivement sur les mêmes individus qui, n'ayant point une consistance propre, inclinent tantôt dans un sens et tantôt dans un autre sens, alors on ne réalise plus aucun progrès; on fait et on défait tour à tour les lois au gré d'un caprice qui ne dure pas; au milieu d'une perpétuelle agitation qui donne l'illusion du mouvement, l'État cesse de marcher et d'agir; la politique entière se borne à céder et à reprendre, à avancer et à reculer, à chercher un juste milieu qui ne se trouve nulle part; la législation se consume en efforts laborieux autant que vains; l'initiative des individus et celle de l'État achèvent de s'éteindre également, et les plus brillantes formes du progrès matériel dans tout ce qui peut servir à l'ornementation et à l'accommodement pratique de l'existence, la rapidité foudroyante des voyages, des transports et des communications en tout genre, la vitesse étourdissante de la production industrielle par des miracles de mécanique toujours plus forts, les métamorphoses de la mode inépuisable en ses combinaisons de plus en plus raffinées et subtiles ne font que donner le change à un public distrait sur la cessation du mouvement et de la vie réelle, dont tous ces phénomènes sont le signe comme les lueurs phosphorescentes d'une matière qui se décompose.

La question qu'il s'agit de résoudre, autant qu'on le peut, est aujourd'hui, comme dans les autres temps, non pas d'abolir l'initiative individuelle au profit de l'État, non pas de dissoudre le corps de l'État au profit de l'initiative individuelle, ce qui serait la perte des deux; mais de trouver et de réaliser, dans les proportions les plus avantageuses, la formule de l'accord entre l'action du pouvoir et la liberté des citoyens.

Ou plutôt cessons d'emprunter aux mathématiques des expressions qui se rapportent d'une manière si défectueuse aux actes de la vie politique et sociale, renonçons à ces transpositions de style qui ne peuvent produire que la confusion. La question est de trouver les moyens d'assurer, autant qu'on le peut, la libre circulation de l'initiative, allant des individus à l'État et de l'État aux individus, dans l'organisme vivant de la nation.

Alors on n'est plus en présence d'un problème d'algèbre ; il ne s'agit plus d'une équation à résoudre entre une série de termes connus ou inconnus, l'initiative individuelle, la conscience et l'homme, et une autre série, le pouvoir, l'Etat et la loi ; il ne s'agit pas davantage d'un jeu de mécanique amusante, combiné avec poids et contrepoids, pour l'agrément des salons parlementaires. Les horloges et les balances, qui ont fait la joie de notre enfance, — balances folles qui se renversaient à tout coup, horloges rebelles qui ne marquaient jamais l'heure — sont classées et étiquetées au musée des Antiques. Les mécaniques cèdent la place à une société organisée et vivante, douée de conscience et de volonté, qui respire, qui marche, qui travaille, qui possède un centre nerveux où l'énergie afflue et d'où elle repart et se distribue entre tous les organes ; une société humaine, non pas seulement un automate, mais un être moral, qui éprouve les plus nobles sentiments au maximum de l'élévation et de la puissance, et qui remplit sa fonction sublime dans le théâtre de l'univers.

Si l'on peut faire en sorte que l'initiative de

la nation s'insinue et pénètre dans le pouvoir, le vivifie et l'anime, et que le pouvoir, ainsi animé, aille porter l'éveil et l'excitation dans la foule des initiatives qui dorment, il semble que l'on touche de bien près à la réalisation de notre problème..

L'autorité, dans cette hypothèse, ne tire pas de son propre fonds une loi qu'elle impose artificiellement ; elle ne trace pas une limite arbitraire au déploiement des initiatives individuelles ; elle ne fait point passer un niveau qui égalise toutes les différences dans une plate uniformité. La loi arrive de la nation à l'Etat, elle revient de l'Etat à la nation. Dans sa première forme indécise et flottante, elle émane de la collaboration d'un certain nombre de volontés particulières ; elle revêt sous l'action de l'Etat une forme déterminée et résistante, puis elle retourne vers les individus, excitant sur son passage les volontés inertes et apportant à tous les citoyens un objet d'effort, de travail et d'émulation. La loi, ainsi envisagée, n'est pas une contrainte ni une entrave, elle est une excitation et une impulsion ; elle sert à favoriser le flux et le reflux de l'initiative et elle contribue à la circulation de l'énergie dans les veines et canaux du corps de l'Etat. Ainsi nous retrouvons cette unité dans la diversité, que nous croyions à jamais perdue et qui constitue la vie.

Cette heureuse rencontre se réalise excellemment, nous ne craignons pas de le dire, dans les propositions de loi concernant les chambres et conseils du travail, que le gouvernement a soumises à l'étude de la commission permanente, sur la demande du conseil supérieur du travail. Tout se passe, dans cet exemple, suivant les principes que nous avons énoncés plus haut, et, si toutes les espèces de lois pouvaient être faites sur ce modèle, ce serait la plus haute perfection de la législation d'un peuple libre.

IV

La commission permanente a, disons-nous, examiné diverses propositions qui avaient, dans ces dernières années, commencé à fixer l'opinion publique; mais l'idée même de ces conseils et de ces chambres de travail, où les ouvriers et les patrons pourraient se rencontrer, se connaître, et apprendre à délibérer ensemble sur leurs intérêts communs, vient de plus haut, elle prend son origine dans les temps reculés de notre histoire.

On a dit qu'elle était toute récente et qu'elle nous était venue de Belgique et d'Angleterre. Il y a sans doute communauté de biens intellectuels et moraux entre tous les peuples, et nous tiendrions à honneur d'emprunter du dehors des principes de civilisation que nous n'aurions pas chez nous. Mais il est certain que l'idée des conseils de travail appartient e propre à notre pays; on y retrouve les traits de l'esprit français le plus ancien. Les dispositions morales et sociales des gens de France ont fait naître les conseils de prud'hommes, — chose et mot si profondément français — longtemps avant le décret de 1806 qui les institua régulièrement à Lyon, où nos voisins Anglais et Belges en sont venus chercher le modèle. Sous les formes successives et diverses qu'ils ont pu revêtir, ces excellents prud'hommes, *hommes sages et probes*, sont toujours un conseil, mi-partie de patrons et d'ouvriers, élus par leurs pairs pour juger les différends en matière d'arts et de métiers, entre les ouvriers et les maîtres. C'est là une institution originale de France, toute composée de bon sens et de bonne foi, et un fruit de la terre des Gaules. Il est impossible de ne pas voir que de là aussi procède, d'après une évolution naturelle, l'idée des conseils et des chambres de travail tels que nous les concevons aujourd'hui, dans les conditions présentes de l'industrie et des mœurs.

Le livre d'Etienne Boileau, le sage et sévère prévôt de Paris, au milieu du XIIIe siècle, quand la France commence à prendre son unité, nous montre les patrons et les ouvriers se réunissant en maint endroit pour discuter les conditions du contrat de louage et de services.

Que ces premières réunions, encore informes, d'ouvriers et de patrons, dans les temps de la plus grande brutalité, aient servi par la même occasion à résoudre plus d'un différend, on peut le croire sans en aller chercher la preuve dans la poussière des bibliothèques : cela a dû arriver tout simplement par l'effet de la rencontre et de la conversation. Mais on connaît un exemple d'arbitrage, non fortuit ni accidentel, organisé d'une manière permanente et méthodique, sous forme de tribunal élu par les intéressés, près de vingt ans avant 1789, et rien ne dit que ce fut une invention, sans précédents, sortie tout entière du cerveau puissant de son auteur ; il n'eut probablement qu'à imiter, en le développant et le régularisant, ce qu'il avait vu ailleurs ou ce qu'il avait appris par l'histoire.

Cette tête pensante fut le premier Mirabeau ; il établit dans son fief de Limousin, parmi ses vassaux, ce qu'il appela un *tribunal de conciliation*, analogue, dit M. de Loménie, à l'institution des *juges de paix*, créée plus tard par la Constituante. Mais il s'en faut bien qu'il y ait analogie parfaite entre l'institution des juges de paix et le tribunal de conciliation composé par Mirabeau de huit arbitres élus dans les huit paroisses de la baronnie de Pierre-Buffière. Le créateur de cette institution avait décidé que « si l'un de ses vassaux, après avoir librement accepté l'arbitrage, lequel aura lieu sans frais, refuse d'accepter la sentence rendue par les arbitres et conduit sa partie devant les tribunaux, *il fera lui-même les frais de la défense de celui qui aura accepté le jugement arbitral* ». Nous ne savons si le cas s'est présenté, mais c'était une idée heureuse que l'on peut signaler en passant aux futurs législateurs de l'arbitrage. Si de cette idée même Mirabeau fut le père, je ne le dirai pas non plus; j'imagine plutôt qu'il l'a empruntée, ainsi que divers autres traits de son tribunal arbitral, appropriés par lui aux besoins et au goût de ses paysans.

Ainsi, quand on approfondit une question quelconque, on en voit les origines et les sources s'éloigner et s'éparpiller dans l'espace et dans le temps, et l'on découvre de plus en plus combien nous sommes les débiteurs des siècles écoulés; que rien ne s'accomplit en une fois par un coup de force ou de génie, et que les institutions que nous essayons aujourd'hui d'adapter au tour et au mouvement de la vie nouvelle remontent aux plus anciens souvenirs, comme notre grande Révolution, qui se poursuit toujours et dont nous faisons partie intégrante, avec nos lois, nos projets et nos rêves, avec tout ce développement magnifique de notre société industrielle et égalitaire, à la recherche d'une discipline et d'un équilibre qui lui soient propres, a pris sa source aux périodes les plus obscures de la formation de notre histoire, aux travaux et aux efforts indéterminés de nos plus lointains ancêtres; et c'est ainsi que nous apprenons à unir dans notre conscience agrandie à la mesure du monde le culte fidèle du passé avec l'espérance d'un progrès sans fin.

Ces premières assemblées de patrons et d'ouvriers, discutant entre eux les clauses des contrats de louage, ces premiers conseils d'arbitres et de prud'hommes, qui apparaissent çà et là dans ce que nous connaissons de notre vie sociale d'autrefois, marquent un mouvement profondément différent de celui des corporations.

Nous ne cherchons pas ici à en retracer l'histoire, ce serait une tâche extrêmement difficile et peut-être impossible; mais nous arrivons de là tout naturellement à nos formes actuelles d'arbitrage et de prud'hommes et à nos projets de création de conseils mixtes et de chambres permanentes, qui doivent être établis sur les principes d'égalité et de liberté préconisés par la Révolution de 1789.

Ces idées de conseils, de réunions, de commis sions entre patrons et ouvriers nous étaient familières au conseil municipal de Paris : nous en avons plusieurs fois fait l'essai, non sans succès, quoique avec une timidité extrême, pour apaiser les grèves. Deux de nos collègues, MM. Villard et Cusset, ont les premiers présenté un système complet de chambres du travail, dont ils avaient emprunté les principaux éléments à une expérience qui s'était faite en Belgique. Ensuite M. Mesureur, député, ancien conseiller municipal de Paris, a présenté à la Chambre un véritable projet de loi, amplement étudié, et qui, pour la première fois, mettait l'opinion publique en présence d'un texte capable de soutenir la discussion.

Notre conseil supérieur, qu'est-il lui-même autre chose qu'un grand conseil d'ouvriers et de patrons, appelés par le gouvernement de la République à délibérer en commun, avec des représentants de l'Etat, sur les questions générales du travail?

Aussi devait-il accueillir avec une sympathie particulière cette idée qui lui présente sa propre image multipliée sur les divers points du pays, cette idée de conseils et de chambres, où les patrons et les ouvriers de nos principales régions industrielles, placés les uns en face des autres, sur le pied de l'égalité, pourraient compléter leur éducation réciproque, apprendraient à se connaître et à s'apprécier, et s'exerceraient à régler leurs différends par l'examen des faits et par la détermination raisonnée de leurs intérêts communs, au lieu de se combattre immédiatement par des coalitions et des grèves qui ne sont que les jeux brutaux de la force et l'anarchie du monde économique.

Le projet de loi comprend deux parties principales et différentes : l'une concernant les conseils, l'autre, les chambres de travail.

Les conseils, émanation de l'initiative privée, jouissent d'une liberté entière, peuvent prendre toutes les formes, ne sont assujettis à aucun règlement officiel ; ils peuvent constituer des comités de conciliation et d'arbitrage, quand et comme ils le veulent. Les patrons et les ouvriers d'une fabrique, d'une usine, d'une exploitation minière décident de se rencontrer à des époques déterminées pour examiner entre eux les conditions de leur travail et de leur industrie, pour aplanir les difficultés, s'il s'en élève, ou pour empêcher qu'il n'en survienne, par des explications préalables, par des conversations périodiques et par des enquêtes qu'ils ordonnent et poursuivent à leur gré. Les syndicats patronaux et ouvriers ont les mêmes droits et les mêmes facultés que les particuliers. S'ils mettent en pratique ces données du bon sens, qui ne sont que le droit commun, la loi leur assure certains avantages; leurs procès-verbaux font foi devant les juridictions compétentes, l'affichage de ces procès-verbaux, s'ils le désirent, se fait sans frais et aux places réservées aux publications officielles; la commune peut être appelée à leur prêter des locaux, éclairés et chauffés, gratuitement, pour leurs séances. Mais, généralement, ils ne demanderont pas ces locaux, ils préféreront se réunir dans les bureaux de la fabrique, de l'usine ou de la mine.

L'autre partie de la loi est une organisation très complète des chambres de travail qui seraient organisées par décret, soit à la volonté du gouvernement, soit à la demande des intéressés, dans toute région industrielle où l'utilité de ces chambres serait constatée.

Tel qu'il se présente, avec les critiques qu'on peut encore lui adresser et les améliorations qu'il comporte, notre projet de loi paraît assez bien réaliser l'idée, que nous avons exprimée plus haut, de ce que devraient être les lois d'une démocratie libre. Il associe l'action de l'Etat à la liberté la plus large des individus et des groupes d'individus; il ne sert en quelque sorte qu'à conduire et à distribuer l'initiative, du pays à l'État ou au pouvoir, du pouvoir au pays et aux citoyens. Sorti des profondeurs de l'histoire et des entrailles de la nation, préparé depuis de longues années par des études individuelles, condensé et rectifié par le conseil supérieur du travail qui remplit ici expressément la fonction d'un conseil d'État pour les lois économiques et ouvrières, — fonction que notre conseil d'État devrait remplir pour toutes les lois, — notre projet attend du pouvoir sa forme définitive, et il retournera ensuite vers le suffrage universel réveillant les initiatives, raillant les volontés distraites. Il ne commande rien, il conseille, excite et encourage.

Dans la variété d'un pays industriel, minier, agricole, maritime, comme est la France, les conseils de travail pourraient avoir la plus grande diversité de physionomies et d'allures, et ce serait vraiment tout un nouveau régime de vie sociale qui se développerait, rempli de fécondité et de promesses. Les travailleurs entreraient ainsi dans l'intimité des choses du travail, dans la participation matérielle et morale du gouvernement économique de la nation, et ce gouvernement, cet organisme de la production moderne sentirait décupler ses forces pour la prospérité du pays tout entier. C'est là, en définitive, qu'il faut arriver. Il s'agit de faire au travail sa place légitime, de lui reconnaître son droit et sa dignité, inséparables de sa responsabilité, et c'est alors seulement que notre société industrielle sera en possession de toute son énergie pour lutter contre les concurrents formidables qui se préparent dans l'exploitation de l'univers.

II

LE TRAVAIL ET L'HOMME

Il est juste que le travailleur obtienne le produit entier, et, comme on dit, « le produit intégral » de son travail, l'homme a naturellement droit à la jouissance de tout ce qu'il a pu faire et produire par son propre et personnel effort. Mais qu'a-t-il pu faire et produire ainsi par lui-même? — Rien.

Au commencement, si nous supposons un premier homme s'essayant à quelque travail élémentaire dans la solitude de la nature, tout le produit de son travail lui reviendra sans doute; mais ce produit est si chétif, si misérable qu'il peut à peine y trouver « le soutien d'une triste et mourante vie... ».

Ne méprisons pas ce premier effort de l'être pensant; la première étincelle qu'il a fait jaillir d'un caillou et la première observation qu'il a tirée de ce phénomène sont des résultats inconnus jusqu'alors dans le monde. Cet éclair fugitif a déchiré les voiles de la nuit éternelle. Une révolution s'est accomplie sur ce coin de terre, au pied de cet arbre, dans le creux de ce rocher, d'une portée infinie et qui ne s'arrêtera pas avant d'avoir produit les œuvres magnifiques de la civilisation que nous avons sous les yeux.

Cette première étincelle, mère du feu qui ne mourra plus, et cette première observation de l'être pensant, illuminé pour la première fois, valent tous les miracles de l'électricité, toutes les combinaisons d'un Charles Bourseul, d'un Graham Bell et d'un Edison.

Pour produire ses premiers ouvrages, l'homme isolé a cependant des auxiliaires et des collaborateurs multiples, les rochers, les eaux, les bois, mais ce sont des collaborateurs qui ne réclament pas leur salaire. Ils lui abandonnent tout libéralement, ils ne le convient qu'à entreprendre, avec le concours des forces qu'ils lui apportent, la conquête de l'univers.

Ainsi, lorsque nous recherchons par une analyse plus exacte ce qui appartient en propre à cet homme, dans les premiers tâtonnements de son travail isolé, nous ne trouvons pas même cette première apparition du feu, ni la première hutte, ni le premier vêtement de feuilles, nous ne pouvons lui accorder à la rigueur que la mise en mouvement de ses membres et le branle initial de sa pensée libre, dont il a sans doute le droit de revendiquer la propriété exclusive et personnelle.

Dès lors a commencé cette terrible et tragique bataille du travail humain qui ne doit plus jamais finir ; le caillou a donné le premier feu, moitié par hasard, moitié par un geste volontaire de l'être pensant; mais le vent et la pluie ont ruiné cette frêle espérance, il faut rallumer le foyer avec peine, par un effort déjà systématique. L'inondation a submergé la hutte, la grêle et la tempête ont dévasté le premier champ. La nature auxiliatrice fait passer l'homme par toutes les épreuves, l'aidant et le contrariant tour à tour, détruisant en ses fureurs les premiers ouvrages qu'il a construits pour l'obliger à en refaire de plus parfaits.

On voit donc que cet homme, toujours seul, dans notre hypothèse, en face des choses et des éléments, ne jouit pas autant que nous le pensions du produit intégral de son effort ; la nature lui arrache les résultats de son travail après l'avoir aidé à les produire, elle exerce sur lui la vraie méthode d'éducation, développant son énergie morale et son habileté manuelle par la lutte, la souffrance et les défaites qui succèdent aux réussites prématurées.

Les animaux s'en mêlent et se font aussi les éducateurs de l'homme qu'ils tourmentent avant de le seconder ; les plus inoffensifs le persécutent, dévorent les premières graines qu'il a plantées, les premiers fruits qu'il a cueillis aux branches des arbres et dont il a fait provision par ses soins laborieux. Qu'est-il devenu maintenant, le juste produit de son effort, le légitime résultat de son travail personnel, et ce travail créateur, vraiment original et autonome du premier être pensant dans l'univers, comment en prendrions-nous une exacte mesure ?

Enthousiasmé de ses premières acquisitions, consterné de leur ruine, précipité du faîte de ses espérances dans un abîme de tristesse, le malheureux se jette à genoux devant cette nature redoutable, invoque la grande énigme. Il peuple le monde de puissances mystérieuses qu'il voit réellement dans la nuée orageuse, dans le torrent dévastateur, dans la source rafraîchissante, sous l'écorce des arbres entr'ouverts, dieux bienfaisants et malfaisants, déesses aimables et courroucées, ses patrons et ses tyrans, ses alliés et ses ennemis ; il s'efforce de les gagner par ses mains jointes et par ses larmes, et il leur offre une partie des fruits de son travail pour obtenir de leur clémence la permission de garder le reste. Il se relève et se remet à sa tâche, poursuivant ce rêve à jamais irréalisable de la pleine et parfaite possession de son effort et de la conquête intégrale de son intelligence et de son âme.

Il ne touchera jamais son salaire entier, il verra toujours dans sa propre et personnelle conscience, sa propriété cependant la plus certaine et la plus sacrée, une région fuyante, dont il ne pourra pas devenir le maître et sur laquelle il n'établira pas le gouvernement de sa volonté. Mais cette province à jamais insaisissable de ce qui est son droit et son bien, et qui recule dans un mystère plein d'attraits à mesure qu'il avance vers elle, lui rend un singulier service, elle ne laisse pas un moment s'endormir l'esprit d'investigation et de découverte, ouvrant au loin devant lui, dans les contrées de l'idéal, des perspectives toujours plus lointaines et plus puissamment attirantes.

Ainsi ce qu'il n'obtient jamais, ce qu'il n'occupe jamais, dans les domaines qu'il sent cependant être à lui, en toute justice, constitue le gage le plus sûr de la persévérance infatigable de sa conquête. C'est par là qu'il continue de travailler et de s'instruire, d'inventer et de chercher ; il poursuit la revendication légitime de son produit intégral, à travers les obstacles de la nature et de sa propre conscience. Jamais entièrement payé de sa peine, jamais entièrement satisfait de son résultat, peintre, poète, savant ou savetier, il a le sentiment insurmontable que quelque chose de sa pensée, de sa vision et de son travail extérieur ne se réalise jamais sous sa main et manque à sa récompense.

Ni sa strophe, ni sa couleur et sa ligne, ni le marbre divin qui a obtenu la couronne ne paient équitablement l'artiste de son labeur fiévreux, et plus il a une haute conscience de son art, plus il est un parfait ouvrier, plus aussi il se sent pris de l'impatience de briser à ses pieds le chef-d'œuvre que la foule admire. Il recommence, toujours en vain; il reculera les limites de la perfection par un redoublement d'intensité dans son effort, mais il se refuse encore à reconnaître son produit intégral dans le chef-d'œuvre acclamé par les contemporains enthousiastes. Poème, statue, table ou cuvette, le travailleur émérite ne se considérera jamais avec une satisfaction entière dans le miroir de son résultat. L'homme, poussé par une force invincible, aspire à posséder toujours plus pleinement sa conscience et ses œuvres, et, toujours frustré, il trouve dans cette série inépuisable de fraudes, dont il est la victime et le héros, l'aiguillon incessant de sa mystérieuse destinée. Il se jette vers l'au-delà d'un élan magnanime; enfin il se précipite, las des travaux de la vie, dans l'immortalité; c'est en elle seule qu'il se flatte de réaliser entièrement son droit et d'avoir la jouissance ineffable de son effort total, au sein de la paix et de la justice absolue; et cependant s'il ne doit rencontrer qu'une suprême déception, si la fraude l'attend encore, pour la dernière fois, à cette extrémité de son destin personnel, — l'humanité au moins ne sera pas volée, elle profite et se vivifie de l'illusion de chacun de ses membres.

II

L'homme, considéré seul sur la terre, s'exerçant au travail, sans maître ni serviteurs, ne touche point le produit intégral de son effort, j'ai dit pourquoi et j'en donnerai encore d'autres raisons.

Une partie de cet effort s'emploie et se consume en route, avant d'arriver à l'objet du travail; une partie quelconque, et déjà grande, de l'énergie se dépense à se mettre elle-même en mouvement, puis à former l'idée, à déterminer la volonté, à avancer le bras : toutes ces parties de son effort, l'homme ne peut pas les retrouver dans le résultat.

Cette première dépense de l'énergie s'exerçant elle-même sur elle-même, sans rien produire que sa propre mise en train, est d'un prix incalculable, l'énergie a brûlé le plus pur de sa force, son élément le plus rare et le plus précieux, son essence divine, et qu'a-t-elle fait ainsi? Un admirable prodige, qui défiera à jamais le scalpel des anatomistes, l'analyse des psychologues ; l'énergie est lancée, elle part, elle circule, elle anime un puissant organisme, aux ressorts les plus délicats et les plus complexes, la matière et l'esprit, articulés l'un à l'autre dans un agencement harmonieux. Maintenant le reste va suivre, le résultat tangible du travail, qui compte seul pour du travail réel aux yeux de la foule, va prendre sa place dans le monde ; l'œuvre toute formée sort de la fabrique, de l'atelier, de l'échoppe, du laboratoire, et l'homme se dit qu'il touchera, après tant de fatigues, le produit de sa peine. Mais, ô surprise ! ô désespoir de l'artiste frustré, et d'autant plus frustré qu'il a mis plus de feu en sa conception ! jamais il ne retrouve dans l'objet le vrai dessein de son rêve enchanteur, ni, dans la réalisation, le prix total de son effort intense ; c'est qu'il a oublié de compter ce qu'il a dépensé de force vive dans sa conception même et dans le trajet de la conception à la réalisation.

Ce trajet a été plus ou moins rapide et foudroyant, n'importe ; la dépense a pu être extrême en un clin d'œil, tout ce qu'il a gagné sur le temps, l'artiste créateur l'a dépensé en vitesse.

Jamais il ne touchera son prix, son prix intégral, s'il ne compte pas pour une partie de son prix, et la plus précieuse même, les joies et les douleurs de son glorieux enfantement.

III

Si l'homme seul, et ne travaillant que pour lui, n'obtient jamais son produit total, aussitôt que plusieurs hommes travaillent ensemble, la répartition des produits de chacun d'eux devient impossible, le mathématicien le plus exact ne pourra pas relever des valeurs qui résistent à tout système d'annotation.

Comment calculerait-on, dans une œuvre quelconque d'industrie, d'art ou de science, ce qui revient aux ouvriers de diverses catégories, aux plus et aux moins habiles, au travail et au capital, à la matière et à l'intelligence, au manœuvre, au financier et à l'inventeur, aux hommes d'aujourd'hui et à ceux d'autrefois, qui, par leur travail séculaire, ont préparé les bienfaits de la civilisation de notre temps ?

Qui se chargera de faire bonne justice, dans

la distribution des salaires et des primes, à tous les collaborateurs de l'humanité pensante?

Dans ce cas, n'oubliez pas Euclide qui fut le maître d'Archimède, ni Thalès de Milet, ni Phérécyde de Lesbos, qui instruisirent Pythagore. Chaque fois que vous tirez sur une poulie ou que vous ajustez une équerre, allez déposer pieusement votre obole, un tant pour cent de votre profit, au tombeau de ces grands ouvriers, car ils vous ont donné ces règles de la géométrie et de la mécanique qui président à la construction de vos chemins de fer, de vos lignes télégraphiques et de vos navires cuirassés.

Peintres et statuaires de l'avenue de Villiers, de la rue d'Amsterdam, qui avez porté la vogue de l'art français jusqu'aux extrémités de l'Amérique, qui, du prix d'un portrait payez un hôtel, et, d'une statuette, une victoria aux chevaux piaffants, élevez votre pensée reconnaissante vers les artistes d'autrefois, Appelles et Phidias, Raphaël et Rubens, et aussi vers l'inventeur des couleurs et vers le créateur du fil à plomb; tous ils ont le droit de réclamer leur part dans vos ouvrages.

Et vous, romanciers aux cent volumes, auteurs dramatiques et comiques, qui inscrivez mille représentations sur vos registres de comptes, veuillez un peu donner ce qui leur revient en toute équité à Homère, à Eschyle, à Aristophane, à Shakespeare, à Molière, à Corneille, à Calderon, à des centaines d'autres, — oui, vous-même, monsieur François Coppée, accordez à Corneille et même à Guillen de Castro leur juste part dans la recette de votre *Pour la Couronne*, qui nous fit, hier, à l'Odéon, frémir d'admiration et d'angoisse! et lorsque cette équitable répartition du produit aura été opérée entre vos collaborateurs illustres et surtout entre vos collaborateurs ignorés de tous les temps et de tous les pays, je ne me risquerai pas à dire combien le grand contrôleur du théâtre de l'univers devra vous compter.

Et ainsi de suite pour les autres parties quelconques de l'art, de l'industrie et des métiers les plus élevés comme les plus bas.

On peut dire, en ce sens, que notre génération, héritière des siècles, a la jouissance d'un produit qui équivaut à mille fois et à dix mille fois le produit intégral de son propre effort et labeur, quelles que soient la fécondité et la magnificence d'une seule heure de travail dans notre humanité actuelle, servie par tous les moyens que les siècles ont concouru à inventer.

Le plus pauvre d'entre vous, et qui ne tira jamais qu'un vil et injuste salaire de ses efforts courageux, possède infiniment plus que la valeur intégrale de son labeur. Non seulement il n'a rien à réclamer à l'humanité; mais il est débiteur d'une dette qu'il ne paiera jamais, car tous ses créanciers sont morts.

Les plus durement sacrifiés et les plus mal payés furent nos pères et nos mères des temps lointains qui dorment dans les abîmes d'un passé insondable; la fécondité du sol qui nous porte a été faite de leurs ossements vénérés et de leurs chairs sacrées; ils ont creusé la terre de leurs ongles pour nous permettre d'avoir un jour des charrues à vapeur et des campagnes riantes, couvertes de fruits et de fleurs que nous cultivons par plaisir; ils ont souffert les fièvres et tous les maux dans leurs cavernes salpêtrées et dans leurs huttes marécageuses, pour nous préparer des maisons de marbre et de fer émaillé, construites suivant les prescriptions de la plus minutieuse hygiène. Ils n'ont pas, comme nous, trouvé la table de la nature dressée et servie ; ils ne devaient rien aux autres, puisqu'ils étaient les premiers, et jamais ils n'ont recueilli le prix de toutes les peines qu'ils ont endurées pour nous.

O mon père et ma mère des temps préhistoriques, pardonnez à mon inconscience, quand du fond de ma pauvreté, accablé de misères et de tyrannies, je me plains de ne pas recevoir le vrai produit de mon travail! Sans outils, dépourvus de tout, vous avez tout préparé, tout commencé pour mon bonheur et pour ma gloire! Je profite d'une foule d'avantages et de ressources que j'ai trouvés autour de moi en naissant; je n'y fais pas attention, parce qu'ils ne m'ont demandé aucun effort, mais ils vous ont imposé, à vous, qui n'en deviez pas jouir, les plus cuisantes tortures du corps et de l'esprit. Il est moins difficile aux hommes d'aujourd'hui de monter une usine à vapeur, qu'à vous de tailler la première hache de silex. Les habits de drap et de soie, finement tissés et cousus à la machine, ne nous coûtent pas les travaux héroïques et les périls de mort par lesquels vous avez conquis la première peau de bête, jetée sur vos membres lacérés et frissonnants. Vous avez meurtri vos mains et usé votre vie pendant dix mille ans pour élaborer les premiers matériaux de mon bien-être, les premières notions de la science dont je fais la servante docile de mes caprices.

Les chemins de l'histoire sont tout marqués des gouttes de votre sang que vous versâtes à chaque étape du progrès. Vous êtes montés de calvaire en calvaire, de bûcher en bûcher, tenaillés, fouettés, brûlés, mis en croix, pour m'obtenir cette liberté de l'esprit, dont je commence à peine à goûter les charmes enivrants et profonds. Je vous dois tout et je ne puis rien pour vous; j'ose me poser en créancier et je ne suis que le plus misérable des débiteurs. Une pensée me relève à mes yeux, c'est que je me trouve à l'égard des générations à naître à peu près dans la même situation où vous êtes pour moi; je travaille et je m'épuise à préparer le plus lointain avenir pour des fils que je ne connaîtrai jamais et qui ne m'en sauront pas gré. C'est le seul moyen par où je puisse acquitter en partie ma dette envers l'humanité. L'ingratitude inévitable dont mes efforts seront couronnés me console et me réconforte, elle est la sanction utile de mon peu de gratitude envers vous. Ainsi se rétablit l'équilibre du destin.

O mes premiers parents, vous m'avez fait l'héritier d'un héritage immense et magnifique dont je ne suis pas même capable d'apprécier la beauté et la grandeur, et je n'ai rien fait pour le mériter. Il n'y a rien de moi ni de mon travail dans la splendide demeure où j'ai été apporté par ma naissance. C'est de l'homme du xxe siècle que l'on peut dire qu'il n'a eu que la peine de naître. Aussi, du fond de ma pauvreté, j'ai résolu de vous remercier et de vous bénir, et quand je mourrai sur un grabat, sans amis, sans enfants, dans l'indigence de tout, dans l'exil, je proclamerai à mon dernier soupir que j'ai possédé plus de biens que je n'en ai jamais gagné par mon travail, et que je meurs débiteur de ma patrie et de l'humanité.

IV

Ainsi nous jouissons de biens, qui dépassent infiniment notre mérite, et, d'une autre part, nous ne touchons pas le produit de notre travail.

Dans cette privation de ce qui nous est dû,

comme dans cette jouissance de ce qui ne nous est pas dû, il y a autant de proportions diverses que de situations particulières dans la société des hommes.

L'ouvrier tisserand gagne à peine quelques sous par jour à fabriquer une riche étoffe, la couturière gagne un pareil salaire à façonner une robe somptueuse; ils sont frustrés sans doute de quelque chose qui devrait leur revenir encore : d'un autre côté ils jouissent des avantages de la civilisation générale, qu'ils n'auraient jamais pu gagner par leur travail, ni, fussent-ils millionnaires, payer de leur argent.

L'inventeur, le savant, l'artiste expirent sur un lit d'hôpital, léguant au monde une idée, un ressort, une force qui serviront à faciliter et à embellir la vie sociale. Le jeu profond des choses humaines est surtout ici criant et scandaleux, quand il martyrise l'esprit, sa victime préférée, et dépouille du nécessaire ceux qui enrichissent les nations.

Mais si chacun recevait exactement son dû et en consommait la jouissance, il n'y aurait plus de société. Si tout homme pouvait s'approprier le plein et complet résultat de son travail, on ne voit pas ce qui resterait pour composer le patrimoine du genre humain.

Chacun s'en allant avec sa part entière, dans l'isolement de son droit et dans la plénitude de son égoïsme satisfait, emporterait du même coup le lien rompu de la solidarité humaine.

Tout ce que les hommes se doivent les uns aux autres — les uns plus, les autres moins — et tout ce qu'ils sont impuissants à se payer entre eux, constitue la base durable de leur société politique et morale.

On a dit que le capital, au sens vulgaire du mot, est du travail *impayé*, c'est vrai assurément en grande partie. Mais ce qui paraît vrai d'une manière générale et absolue, c'est que les sacrifices des générations, les peines et les tourments des grands esprits et des grandes âmes, et tous ces efforts généreux dont le salaire a manqué à ceux qui les ont accomplis, constituent le plus clair du capital du genre humain.

Le bien-être relatif des temps heureux, la tranquille assurance de la raison, l'honneur de la liberté conquise, tout cela n'est fait que de la misère de ceux qui sont morts sans récompense dans le travail acharné, dans les affres du doute et sous le joug; et il est parfaitement vrai que notre civilisation plonge ses racines avides dans des ruisseaux de sang et des couches de chairs décomposées.

Nous sommes créanciers et débiteurs à la fois; nous possédons plus que notre génie et nous ne recevons pas le prix de nos efforts : toutes ces parts, soustraites du travail de chacun et consolidées par le temps, forment le bien commun des générations. Tel est le mystère du travail humain.

La question à résoudre serait celle-ci : que tout homme travaillant de l'esprit ou des bras eût la jouissance entière de l'héritage des siècles qui n'appartient à personne, mais à tous également, et qu'il eût en outre le plus grand produit possible de son travail actuel.

Et ne semble-t-il pas que si ce capital des siècles et ce bien commun de l'humanité étaient administrés sagement, le travail actuel, au lieu d'être précipité par une course folle, pourrait être ramené à un mouvement raisonnable et à un exercice salutaire?

Le genre humain n'aura-t-il jamais assez travaillé, peiné et inventé pour assurer à ses enfants une condition plus facile, dans la paix et dans la jouissance des arts qui charment la vie? Ou bien serait-ce à nous-mêmes que ce glorieux destin serait réservé, après le siècle le plus tourmenté et le plus tragique, de laisser à notre heure dernière et dans une douce mort cet héritage de paix et de justice, ce capital de liberté et d'honneur qui permettrait à nos fils, que nous ne connaîtrons pas, de s'établir enfin honorablement sur la terre?

V

On comprend par ces remarques que la question du travail n'est pas une simple question de salaire quotidien ou mensuel. Tristes et bas esprits, ceux qui s'imaginent résoudre le problème par une somme d'argent. Le travail humain comprend une foule d'éléments moraux, des plus délicats, que nous commençons seulement à démêler.

La plupart des économistes et des philanthropes se flattent d'arriver à une solution satisfaisante par divers moyens qu'ils exposent en de gros volumes et que même ils expérimentent avec un succès relatif dans certaines conditions préparées avec soin, ainsi l'échelle des salaires, la participation aux bénéfices, le système des primes, les habitations à bon marché, les coopératives, etc... On aurait tort de décourager aucun essai. Le champ d'expérience de l'univers se prête à toutes les démonstrations. En réalité ce sont autant de paradoxes, ou plutôt des pétitions de principe qui ne font que répondre en termes différents la chose même qui est en question.

L'institution des conseils de travail paraîtra peut-être encourir le même reproche d'empirisme et de sophisme : j'en abandonnerai volontiers toute la forme extérieure, les dispositions législatives, la procédure parlementaire, le mode électoral ; je livre tout, sans marchander, à la dérision et aux sarcasmes de celui qui me présentera un moyen meilleur de mettre en rapport les ouvriers et les patrons sur le pied de la fraternité sociale.

Un point seul demeure, à quoi je tiens et je m'attache d'une obstination invincible ; ce point est toute la vie, la vertu, la raison d'être des conseils du travail, je veux dire l'établissement d'une relation de fraternité et d'égalité entre ouvriers et patrons, collaborateurs d'une même industrie.

Accordez-moi cela et je vous accorde tout le reste. Donnez-moi des écoles d'éducation mutuelle, non pas d'enfants, mais d'hommes, non pas d'esclaves, mais d'hommes libres, où les ouvriers et les patrons de ce siècle viendront s'éclairer les uns les autres sur les lois et les droits du travail et sur les mystères profonds de leur collaboration intime. Faites que cela soit, et la révolution sociale est fixée, les classes ouvrières sont assurées de leur destin, je n'en demande pas plus. Donnez-moi ce levier — levier intellectuel et moral — et, avec ce levier, comme disait l'autre en sa grande langue classique, je soulèverai le monde. Tout le reste m'est égal et je le dépose à vos pieds.

VI

Qu'est-ce donc que le travail?

Le travail était jadis une propriété.

Le travail est aujourd'hui, dit-on, une marchandise dont le prix s'élève ou s'abaisse suivant la demande, et qui parfois ne trouve pas d'acheteurs.

De ces deux définitions qui ne valent rien, la première est la moins imparfaite. Le travail, c'est-à-dire la faculté de travail, a sans doute quelque ressemblance avec une propriété qui serait toute morale. Mais il faut reconnaître que c'est un genre de propriété mal protégé par nos lois, et dont le maître n'a qu'un usage singulièrement précaire et caduc. Le propriétaire d'un bien matériel crierait avec terriblement de raison que la société le laisse en proie à la déprédation et au pillage, s'il voyait soumis à pareil régime sa maison, son champ ou sa caisse.

La définition tirée de la « marchandise » est encore beaucoup plus choquante, beaucoup plus contraire à la disposition intime de nos esprits et de nos mœurs, quoi qu'on en puisse croire. Le travail n'est pas un objet de vente et d'achat, si l'homme ne l'est lui-même, et, pense-t-on que le travail a ce caractère, on est alors bien proche du négrier qui fait une marchandise de l'homme. L'évidence de ce rapport ne peut échapper qu'à des esprits entièrement adonnés au préjugé courant et au train de la vie qui les précipite.

Il est impossible à tout homme de notre civilisation et de notre temps, qui répudie avec horreur l'idée de l'homme-instrument, de l'homme-outil, de l'homme esclave, il lui est impossible d'admettre, s'il y réfléchit, l'idée du travail marchandise. S'il est bien établi que l'homme ne peut plus acheter un homme, il ne peut pas davantage acheter pour son profit et bénéfice la faculté de travail d'un homme libre.

Le travail, partie intégrante de l'homme, ou, si l'on préfère, résultat essentiel de son activité, n'est pas plus achetable et vendable que l'être humain ne l'est lui-même. On travaille pour soi, ou pour la patrie, ou pour l'humanité, on ne travaille pas pour un autre homme, quand on est un homme ; on travaille pour subvenir à ses propres besoins matériels et moraux et à ceux de sa famille, pour développer sa personnalité, pour glorifier son pays, pour améliorer le sort de ses semblables ; on ne vend pas son énergie, pas plus que son corps ou son âme, à un autre homme plus fort, qui vous emploie à son développement et à son enrichissement personnel, à moins que la société où ces choses se passent ne soit beaucoup plus près des formes de l'esclavage qu'il ne lui plaît de l'imaginer et de le dire.

Le travail est si peu une marchandise que l'un ne saura jamais ce qu'il vend, ni l'autre ce qu'il achète. Vous m'achetez ma puissance d'effort, ma faculté de travail pour une heure, pour un jour, pour un temps ou pour une tâche déterminés, mais voici que déjà, et malgré moi, mon énergie est tombée de moitié, dès que j'ai le sentiment de l'avoir vendue.

La conscience la plus délicate est ici forcément en défaut par suite de la situation étrangement fausse où elle est placée. Comment tiendrait-elle un marché immoral et chimérique, conclu sans son aveu, un pacte qui répugne à sa nature autant qu'à la nature du travail lui-même ? Elle ne vit que de liberté et d'initiative, le travail aussi : une initiative qui s'est vendue, louée, sacrifiée, qui s'est littéralement suicidée, comment serait-elle encore l'initiative vivante et agissante ? C'est demander l'impossible.

L'homme généreux, qui a ce sentiment intime qu'il s'est vendu à temps, qu'il a livré sa faculté de travail à l'exploitation et au profit d'un autre homme, s'efforcera d'abord de remplir son engagement dans sa rigueur; on en a vu, de ces hommes admirables, dépassant même leur faculté de travail, se raidir contre la souffrance et succomber enfin à la tâche, comme ces sublimes chevaux de sang qui tombent, les veines brisées, pour une gageure impossible. En ce moment de l'effort suprême, où ils mettent toute leur âme, ces grands consciencieux ne sont pas encore satisfaits des résultats qu'ils ont produits. Ils ne reconnaissent point dans ce résultat médiocre la divine énergie qu'ils se sentaient aux flancs, et en effet ce n'est plus elle : l'énergie de l'homme a laissé dans le marchandage et la vente la moitié de sa force vive; ainsi les anciens disaient que l'esclavage ôte à l'homme la moitié de son âme.

Quant aux autres, les moins consciencieux, les sceptiques et les raisonneurs, on les voit bientôt calculer avec un soin jaloux la part d'énergie qu'ils ne livreront pas à leurs maîtres, mais qu'ils garderont pour eux-mêmes et pour en faire ce qui leur plaît.

Les travailleurs, sous ce régime, deviennent extrêmement habiles à ne pas travailler, à perdre leur temps , c'est-à-dire à le perdre pour leurs patrons, mais à le gagner pour eux-mêmes, pour leur repos ou leurs caprices ; à épargner leurs ressources vitales, à retenir par devers eux, avec la plus profonde science des détails et les ruses les plus minutieuses, toute la portion de force qu'ils peuvent dérober à l'acheteur de leur énergie d'homme. Il faut multiplier les surveillants, les inspecteurs, les chefs et les sous-chefs d'atelier, il faudrait, auprès de chaque homme travaillant, un autre homme pour le regarder faire, pour le rappeler, de minute en minute, à la loi de travail ; une pareille situation nous rapproche singulièrement de celle où l'on voit dans la main des surveillants un bâton.

Mais s'il est possible de surveiller dans une certaine mesure l'emploi du temps, comment surveillerez-vous l'emploi de l'énergie ? C'est surtout sous ce rapport que l'ouvrier possède des moyens à lui, des moyens invisibles et tout moraux de se rattraper. Il occupera à peu près son temps, il n'occupera pas son esprit qu'il laisse vagabonder ailleurs, dans les rêves, dans l'idéal, dans les voluptés de l'anarchie, — non pas de l'anarchie violente, qui se traduit par la mélinite ou le picrate — mais d'une anarchie bien autrement dangereuse, qui mine sans bruit l'organisation du travail et tout l'État.

Il donnera encore la quantité matérielle de travail qu'il s'est engagé à fournir, et pour laquelle il s'est vendu, il ne donnera pas la qualité, la forme, l'art, la pensée qui font tout le prix de son ouvrage. On le renverra bientôt pour en essayer un autre, mais celui-ci, placé dans les mêmes conditions psychologiques et économiques, ressemblera au premier ; il sera peut-être un bon ouvrier au commencement, il se fatiguera, sans tarder, d'un régime auquel l'énergie morale ne résiste pas. Volontairement ou à son insu, il reprendra tout ce qu'il pourra de son temps, de ses facultés, de son art, de sa pensée, quand il aura acquis le sentiment qu'il ne travaille pas pour son propre profit à lui, mais pour le profit et pour le développement de son maître et de la famille de son maître. Il se ressaisira, il voudra avoir sa revanche, et le temps et les forces qu'il aura réservés pour son propre usage, il les dépensera peut-être en ces plaisirs abrutissants qui paraissent la seule compensation du servage !

Des hommes intelligents, qui ont le souci supérieur des destinées du travail et de la bonne constitution de l'industrie de leur pays, doivent comprendre qu'un pareil régime conduit à la ruine de tous les métiers.

Le travail-marchandise, objet de vente et de trafic, participe au jeu à peu près universel de fraudes et de dol qui affecte toutes les formes du trafic entre les hommes et qui revêt si aisément les dehors d'une simple et légitime concurrence. On regagne un peu sur le poids, un peu sur la quantité, un peu sur la qualité, ce que l'on perd d'autre part en déchet inévitable. Les consciences les plus droites ne manquent jamais de prétexte pour justifier ces honorables manœuvres.

Le travail, considéré comme marchandise, n'échappe pas au sort de tout ce qui s'achète et, si le patron tend à s'attribuer plus qu'il n'a réellement acheté et qu'il ne peut justement exiger, l'ouvrier se vante et s'enorgueillit de tout ce qu'il retient sur cette puissance de travail qu'il a vendue. Il se rattrape sur la qualité encore plus que sur la quantité. Le paveur enfonce des pavés qui ne tiendront pas. Le vitrier fixe un carreau qui se défera demain. Le peintre en bâtiments étend une couche de peinture qui n'a pas l'épaisseur convenue. Le menuisier rapproche les deux ais d'une tablette qui va bientôt se disjoindre. Il n'est pas jusqu'au simple clou planté dans un mur pour y suspendre un objet quelconque, qui ne soit planté maladroitement ou de travers. Les ouvrages de détail les plus humbles et que l'on peut à peine indiquer tromperont par leurs imperfections et par leur caducité les espérances que l'on avait fondées sur eux.

Cela se passe ainsi volontairement ou involontairement. Un ouvrier se hâte de bâcler son ouvrage : « C'est assez bon pour le patron, » dit-il, avec le rire moqueur de la revanche satisfaite; mais dans le plus grand nombre des cas la mauvaise qualité résulte inconsciemment de la misère morale et de la bassesse de condition d'un homme qui n'est qu'un *moyen* pour le bien-être et la glorification d'autrui. De tout ce qu'il épargne et retient de force vive, de substance nerveuse, de loisir, de temps inemployé, ce malheureux se compose un capital à lui, qu'il est seul à comprendre et à estimer, non pas un capital d'argent, mais un capital d'énergie, de passions bonnes ou mauvaises, de haine et d'amour, d'aspirations fiévreuses, qu'il dépensera dans les luttes politiques et sociales et à se donner des enfants auxquels il léguera ses rêves !

Cependant toute l'organisation du travail est ainsi gâtée et corrompue dans ses fibres profondes et dans ses canaux les plus secrets ; tous les métiers sont en décadence, et ce tour artistique des plus menus objets qui était l'honneur d'un grand peuple s'alourdit et se vulgarise. Le travail-marchandise et l'homme-instrument doivent conduire par une pente fatale à la perte de l'art comme à la perte de la moralité.

VI

On a lu, je ne sais plus dans quelle encyclique, des maximes qui sont bien plus près de la vérité économique que toutes les théories du travail-marchandise. « L'erreur moderne, disait ce sage, quel qu'il puisse être, quel que soit son habit et son nom, l'erreur moderne, d'après laquelle on peut considérer l'emploi qu'on fera du travail d'un ouvrier, comme une matière de commerce, vente ou achat, offre ou demande, est absolument à réprouver. Nul ne peut employer les forces d'un homme, sans être, par là même, lié à traiter cet homme avec respect pour son âme, charité pour ses besoins, justice pour ses intérêts... »

Ce n'est pas assez encore, il faudrait dire : « Nul ne peut employer les forces d'un homme pour son profit, avantage et jouissance personnelle à soi-même, car c'est là, littéralement, l'exploitation d'un homme par un autre homme, comme l'exploitation d'un champ, d'une mine ou d'une rivière. »

Nul ne peut utiliser l'homme à sa propre extension, à son enrichissement et engraissement à soi-même, ce qui équivaut à se servir de l'homme comme d'un outil ou d'un bœuf.

Profiter d'un autre homme, parce qu'il est faible, ignorant, désarmé, profiter d'une femme, d'un enfant, a-t-on mûrement pesé et mesuré la valeur d'une telle expression, où se révèle la naïveté de l'égoïsme dans toute sa crudité ? On connaît ce métier, il n'est pas beau, l'opinion universelle le flétrit et le flagelle sous certaines de ses formes particulièrement infamantes; et cependant on étonnera peut-être bien des gens et l'on paraîtra heurter l'opinion générale, si l'on prétend et soutient que nul homme n'a le droit de *profiter* d'un autre homme, sous quelque forme que ce puisse être ; encore moins peut-il *profiter* d'une femme, d'une mère, d'un enfant; on touche alors au dernier degré de l'abjection.

Si l'instruction ou la fortune nous ont donné une certaine supériorité dans la société où nous habitons et si la charge nous a été imposée de commander et de diriger le travail d'autrui, nous ne pourrons exercer cette maîtrise que pour le profit, le bénéfice, l'amélioration et l'extension de ces travailleurs eux-mêmes, pour le bien de la patrie, pour la glorification de l'humanité; mais en aucune mesure pour notre profit à nous, car il est clair qu'un homme ne peut profiter d'un autre homme, à moins qu'il ne soit libre et l'autre serf.

Qu'est-ce donc que le travail? Il ne peut pas être une marchandise, puisqu'il perd aussitôt qu'il est considéré comme marchandise le meilleur de son prix, de sa force et de sa grâce. Il n'est pas une propriété, au sens que l'on prête généralement à cette expression. Il est plutôt une faculté et la première, la plus originale des facultés de l'homme. Entre tous les êtres connus, l'homme seul travaille, si vous jugez que l'idée du mieux est inséparable du vrai travail. Les notions de progrès et de liberté font essentiellement partie de la notion du travail humain. Les animaux en sont réduits, depuis que nous les connaissons, aux formes identiques et monotones d'une tâche toujours la même, quelles que soient, en nombre de cas, la délicatesse et l'ingéniosité ravissante de leurs procédés éternels. Ce n'est point là le travail, dans sa haute acception, tel qu'il appartient à l'homme de le comprendre et de le pratiquer.

Parmi toutes nos disputes économiques, il apparaît assez clairement que nous entendons tous d'une manière plus ou moins explicite aujourd'hui par le travail un effort conscient et libre vers le mieux.

L'homme seul travaille la terre, la perfectionne, la cultive, l'embellit, la féconde et l'élève par sa volonté réfléchie vers une destinée supérieure. Le cheval et la charrue lui servent d'instruments dans son travail. Le travail, dirons-nous encore, est le vrai capital de l'humanité. Mais pourquoi chercher des analogies et des ressemblances infidèles? Le travail ne se définit que par lui-même, il est ce qu'il est, et il est tout l'homme, caractère fondamental, originalité propre, lustre et splendeur ineffaçable de l'être libre.

Dans le labeur le plus passif et le plus stupide du serf, rapproché par une économie absurde de la condition des machines, il y a toujours une part de travail conscient et progressiste, parce qu'il y a dans le plus malheureux des serfs un homme reconnaissable sous les fers. Cette petite âme de travail qui végète, obscurcie et avilie dans le labeur servile, est la lueur de liberté morale qui vacille et tremble dans le servage. Le travail épanoui est la liberté même dans la plénitude de son énergie active. O travail! gloire et consolation des hommes, art, industrie, vertu, c'est à toi que nous devons tout ce que nous sommes, tout ce que nous valons, tout ce que nous savons, tu es l'homme même! Avec lui et par lui tu as créé de siècle en siècle ce spectacle admirable des sciences qui se déroule à nos yeux dans l'univers transformé. Fous, ceux qui veulent t'acheter et te vendre; ils te dessèchent maladroitement en tes sources sacrées, au moment même où leur avarice se propose de trafiquer de toi.

VII

Le travail, sous les diverses formes historiques qu'il a traversées, a été, dans de grands espaces de temps et de lieux, l'assujettissement des esclaves, des vaincus et des captifs à leurs propriétaires et seigneurs.

Il a été aussi dans d'autres lieux, aux mêmes époques, ou dans les mêmes lieux, en d'autres temps, l'emploi déjà plus moral et plus humain des ouvriers par les maîtres, comme des enfants sous la main du père de famille.

Le travail s'est élevé dans une récente période à la notion d'un libre contrat entre les travailleurs et les patrons. Mais si le contrat social du XVIIIe siècle a été démontré comme un éclatant paradoxe, le contrat de travail du XIXe siècle n'est pas beaucoup plus assuré de la vérité. Il n'y a de contrat juridique possible qu'entre des égaux en force, en liberté, en instruction.

Les ouvriers se sont mis à dix mille pour tâcher de tenir en balance le patron ou l'entrepreneur avec lequel ils passent contrat, mais cette nécessité de se mettre en si grand nombre contre un seul ne prouve-t-elle pas en évidence l'impraticabilité du procédé ? Les travailleurs obligés de faire une seule tête de tant de têtes, de composer de tant de personnes une seule personnalité, abdiquent leur liberté au moment même où ils la revendiquent. Ils sont réduits à sacrifier leur individualité politique et morale et à s'embrigader sous un chef pour essayer d'égaler en force un autre chef, avec qui il importe de discuter à armes égales. Cette condition que leur ont faite les lois et les mœurs de la société ne leur permet guère de choisir qu'entre deux modes d'assujettissement.

La plupart du temps ils ne parviennent même pas à établir entre eux cette cohésion qui ferait une sorte d'équilibre instable avec l'autre partie. Dans tous les cas ce sont deux parties tellement différentes de nature et de caractère que, dans la plus favorable des hypothèses, des obstacles insurmontables semblent toujours s'opposer à l'égalité du contrat. Dix mille, cinq mille, cinq cents d'un côté, et de l'autre côté, un : contrat impossible ! La première partie a le nombre, mais elle a en même temps l'anarchie, l'ignorance et toutes les misères : l'autre est seule, mais elle a l'unité de volonté et d'action, la science et toutes les ressources de l'organisation économique. Comment pourraient-elles passer un contrat véridique ? Elles ne se comprennent pas, elles ne parlent pas la même langue.

C'est pourtant le dernier terme de la sagesse où sont arrivées nos lois après deux siècles de philosophie et de révolution. Mais le contrat, le pacte, la charte du travail, telle que nous la supposons dans la meilleure des circonstances, est à peine une trêve d'un jour dans une guerre de mille ans. A l'heure même où elle signe, chaque partie, le patron, l'ouvrier, se considère comme un vaincu qui ne cède qu'au nombre ou à la fatalité ; et déjà elle brûle de trouver un moyen de violer sa signature.

Il faudra que le travail, avec l'aide du temps et des mœurs, arrive à une quatrième forme, qui peut seule promettre la paix ; qu'il participe de plus en plus de la nature de l'association entre hommes libres et moraux, vraiment égaux en droit, par le développement de leurs lumières et de leur éducation.

Les conseils du travail, où les ouvriers et les patrons viendront se connaître et s'instruire les uns les autres, sont un acheminement vers ce type industriel entrevu.

VIII

J'en conviens, l'idée du travail-marchandise, — notre hypothèse depuis deux siècles, celle de Turgot et des physiocrates — est un progrès sur les anciennes conceptions du travail servile.

L'ouvrier et le compagnon ne sont plus sous la domination absolue du maître et patron, l'acheteur de travail traite avec le vendeur et réciproquement. Si l'un n'a jamais son compte en qualité et en quantité, si l'autre ne reçoit jamais son juste prix, — cependant les formes apparentes du contrat adoucissent les défauts du système et les font porter plus gaiement.

Mais l'hypothèse du XVIIIe et du XIXe siècle s'épuise à son tour; elle commence à céder la place à une autre qui, vraisemblablement, ne sera pas la dernière, mais qui nous élèvera à un degré nouveau dans la conception du travail ; et ce sera la glorieuse hypothèse du XXe siècle.

Il faudrait comprendre par le cœur autant que par la raison que l'homme ne peut pas *profiter* de l'homme ; qu'un être moral et libre, et qui se sent tel, ne peut pas prélever avantage, bénéfice et jouissance sur le travail et la peine d'un autre être moral également libre.

Si vous croyez bon et légitime de faire servir à votre profit à vous-même le labeur d'autrui, et ce qu'il y a de tourment et d'angoisse attachés à ce labeur, où vous arrêterez-vous? Pourquoi profiterez-vous à ce degré seulement et non point à cet autre?

Vous vous arrêterez au point où ceux qui travaillent pour vous seraient bientôt mis hors d'état de vous profiter. — Mais quel arbitre assez instruit dans l'économie et l'hygiène viendra marquer cette limite redoutable? — Le gouvernement peut-être. — Alors, adieu la liberté ! — Vous-même éclairé par votre intérêt. — Mais l'intérêt n'a jamais été une lumière, et tous les hommes qui se sont trompés, ruinés et perdus ont pensé qu'ils suivaient le conseil de leur intérêt.

Vous pouvez, dites-vous, *profiter* de la peine d'autrui sans excès, mais dans une certaine mesure : quelle mesure? Si vous pouvez *profiter un peu,* vous pouvez *profiter plus;* il suffit que la dernière extrémité de votre calcul vous paraisse encore profitable; et s'il vous est interdit de *profiter plus,* il vous l'est pareillement de *profiter moins.*

Du travail, de la peine et de la souffrance d'un être moral, il ne vous appartient pas de faire votre plaisir, ni grand, ni petit, en quelque mesure que ce puisse être, si vous êtes également une personne morale et libre.

Dans ce trafic de la force vive de l'homme, considérée comme simple marchandise, sous les brillantes couleurs du libre-échange, il y a mille à parier contre un que vous irez trop loin; vous êtes trop porté à vous attribuer toute la faculté de travail de cet homme aux abois et obligé de vendre. Et lui, le vendeur, ira trop loin aussi, il vendra tout, il épuisera son énergie, comme un fils de famille qui vend tout son patrimoine aux usuriers par parties successives. Il ne ménagera sa force vis-à-vis de vous qui l'avez achetée que pour en vendre ailleurs le surplus, dont il vous a frustré, et il engagera ce qui lui reste dans une seconde opération plus ruineuse que la première.

La puissance, la faculté de travail d'un homme ne se distinguent pas de sa conscience même; son énergie morale,source de l'énergie physique, son goût, son application soutenue, son désir ardent du mieux, son effort d'imitation et d'invention — toutes choses sans lesquelles il n'est point de vrai travail humain, — appartiennent à la sphère de la volonté et de la raison.

Si vous n'achetez que la force musculaire d'un homme pour l'employer à un objet quelconque de travail, vous êtes volé d'avance et à coup sûr. L'homme ne se partage pas ainsi en deux; cet instrument admirable de travail que vous cherchez en lui tire tout son prix de sa nature consciente et pensante. Si vous ne voulez pas d'un homme, prenez donc une machine, prenez un animal, mais si c'est un homme que vous cherchez pour votre opération d'art et d'industrie, prenez-la telle qu'elle est, cette prodigieuse puissance économique, dans sa vertu entière et dans son originalité!

Quelqu'un a formé le projet d'acheter la puissance de travail d'un homme : je lui conseillerai d'acheter cet homme en bloc, au moral comme au physique; comment pourrait-il disposer de la faculté de travail d'un être pensant s'il ne détient pas ses facultés de raisonnement et d'imagination? Vous laissez une seule de ses facultés libres, il s'en servira pour reconquérir les autres, en dépit de tous les contrats de vente. Aussi voyons-nous couramment les acheteurs de travail s'appliquer à établir dans leurs usines, fabriques et chantiers, la discipline politique et religieuse qui leur paraît la plus commode, la plus utile à leurs intérêts immédiats. Ils prétendent imposer à ceux qu'ils emploient, afin de bien posséder la puissance de travail qu'ils imaginent avoir achetée, les pratiques extérieures de leur culte et le bulletin électoral de leurs préférences. Alors le cercle de la servitude est fermé : il comprend tout l'homme. La conscience du travailleur n'est pas plus ménagée que sa puissance de travail : l'une en effet n'est pas plus que l'autre précieuse ni sacrée; elles sont la même chose.

On touche ici le fond de ce système où l'énergie active de l'homme est traitée en marchandise; et, comme un tel système conduit fatalement à la ruine de l'énergie, à la décadence des métiers, à l'anémie et au dépérissement de toutes les forces économiques, l'État ressent bientôt une obligation formidable d'intervenir et de dicter la loi du travail !

Une usurpation appelle une autre usurpation ; pour défendre contre les trafiquants de travail les derniers haillons de sa liberté, le peuple ne connaît plus d'autre moyen que de se réfugier sous la puissance de l'État et d'embrasser les autels de la tyrannie légale.

Ainsi, dans ce système du travail-marchandise, que l'on décore faussement du nom de libre-échange, on revient par des chemins détournés, où l'on n'a cueilli que déceptions et mensonges, à la borne de l'État, souverain maître économique et politique. L'expérience de ces deux siècles nous l'a fait voir par des démonstrations assez terribles, une démocratie de travailleurs ne jouit de la liberté politique que par intermittences, entre les coups d'État et les séditions, lorsque la force vive du travail est traitée comme un simple objet de trafic. La contradiction est en effet trop violente de vouloir faire vivre en liberté un peuple de travailleurs, de qui la force de travail, c'est-à-dire l'énergie même, l'initiative, l'activité, la conscience en ses efforts quotidiens, se vend et s'achète au marché comme le manger et le boire. Ces hommes pourraient-ils jamais être assurés longtemps de cette liberté qu'ils ont conquise dans une heure de révolte heureuse ? Leur force de travail est tout ce qu'il y a de plus vivant, de plus essentiel dans leur personne morale, et, si cela se vend, il est clair que tout est vendu. Si l'élément moral est méprisé, avili, méconnu dans les domaines du travail, comment serait-il reconnu dans les domaines de la politique ?

Mais, dit-on encore, ces travailleurs se vendent et se reprennent pour se vendre encore; ils passent d'un marché à un autre, d'un contrat à un autre : cette succession de ventes et d'achats constitue l'équivalent de la liberté.

— Non, si vous prétendez que la force de travail s'achète, c'est-à-dire l'énergie, l'essence même de l'être pensant, l'homme est violé dans ses intimités les plus profondes, et il a beau alors changer de marché, il ne fait que multiplier les témoignages de sa servitude.

IX

Nous essaierons de préciser encore un peu mieux que nous ne l'avons fait jusqu'à présent la notion du travail humain.

Au milieu de tout ce qui vit et respire, de tout ce qui remue, circule et fermente, l'homme seul travaille; — seul, ce petit être perdu dans l'abîme de l'univers poursuit un dessein, s'ouvre une route vers un but supérieur.

Le soleil ne travaille pas dans son flamboiement éternel, ni l'oiseau qui chante et vole, ni la pluie qui arrose la terre, ni la terre qui porte des fruits : l'homme travaille.

Il semble que quatre éléments principaux soient nécessaires pour qu'une force de travail apparaisse : la liberté, l'énergie, la méthode et l'idée du mieux.

Si l'homme ne sentait pas en lui un ressort de liberté, il ne s'aviserait pas de tendre vers un but, il ne s'ingénierait pas à choisir le meilleur moyen d'y arriver.

De même, s'il n'était pas une énergie morale,

il serait incapable de réagir contre les fatalités de la nature. Dans l'un et l'autre cas le travail diaparaîtrait de l'humanité.

Sans la méthode, l'homme ne pourrait pas mettre dans son travail l'ordre, la suite et le perfectionnement. La méthode est faite de mémoire, de comparaison et d'imitation, elle comprend aussi cette pointe de génie inventif qui naît de l'imitation elle-même et qui y ajoute toujours quelque chose.

Le ver à soie ne sait pas la méthode, car, depuis que nous l'avons connu, il fait toujours le même ouvrage. Les abeilles n'imitent pas, car si elles imitaient, par là même elles se différencieraient et elles combineraient des plans nouveaux.

Otez la méthode, vous pourrez avoir encore la répétition sans fin des prestiges de l'abeille, du ver à soie, de la fourmi, vous n'aurez plus le travail de l'homme.

Enfin retranchez l'idée du mieux ou le sens du progrès ou la conception de l'idéal — ces trois expressions reviennent au même, — et le travail s'arrêtera à la surface de la planète. Les hommes se borneront à exécuter une tâche instinctive, à subvenir à leurs besoins monotones, comme les animaux sans liberté et sans invention.

Liberté, méthode, énergie, idéal, ces quatre éléments sont inséparables, ils s'appellent et se supposent l'un l'autre. Si chacun d'eux peut être divisé par la pensée en un certain nombre d'éléments secondaires, on peut d'une autre part les considérer ensemble dans leur organisation vivante, et c'est la faculté de travail, l'énergie morale de l'homme, c'est l'homme même, l'être libre et pensant, dans la plénitude de son originalité.

Cet être seul travaille ; chétif par sa nature, mais sublime par son travail, seul il sait se mouvoir avec ordre et progrès, au milieu des puissances aveugles et des splendeurs inconscientes de l'univers.

Il travaille en vue de réaliser la plus large part possible de son idéal, et si cette notion de l'idéal venait à lui manquer entièrement ou si le sentiment de sa liberté l'abandonnait, il cesserait de travailler.

Une force libre, ou qui se sent telle, a pour caractère de se porter sans cesse vers plus de liberté et plus de liberté encore, de se projeter en avant, toujours plus loin, toujours plus haut, vers l'infini ; c'est ainsi qu'elle se donne un idéal, qui est l'expansion magnifique, le prolongement lumineux de la liberté elle-même.

Encore une fois, ces notions sont inséparables, elles se suscitent l'une l'autre ; il est à peu près impossible de concevoir une énergie morale qui ne serait pas une liberté vivante, ou une liberté qui ne serait pas une énergie ; et si ces nobles facultés avaient été refusées à l'homme, il n'aurait jamais conçu un idéal et il ne travaillerait pas à s'approcher de l'objet de sa contemplation.

Le prisonnier, en tant que prisonnier, ne travaille pas ; il exécute mécaniquement une tâche obligatoire ; s'il s'ingénie dans ce rôle, c'est à faire le moins possible, à ne pas travailler.

Et c'est alors seulement qu'il travaille en vérité, quand il se dérobe à son travail forcé et qu'il reprend par ruse, par politique et diplomatie, quelques lambeaux de la liberté qui lui a été enlevée.

S'il entrevoit une possibilité d'échapper réellement à ses fers, de s'évader de sa prison, oh ! comme il s'applique alors, comme il se fait habile, entreprenant, calculateur, comme il invente, comme il travaille pour conquérir son idéal ! Il déploie des prodiges de vrai travail méthodique et créateur, dans toute cette mesure de liberté qu'il arrache chaque jour à la surveillance en défaut.

En ce moment hasardeux, et dans cette limite précaire, le prisonnier s'est déjà ressaisi ; et il s'efforce de toutes les puissances de son être à gagner les domaines de cette liberté plus complète qui est la patrie de son âme. Ce n'est plus cet esclave qui exécutait passivement sa tâche, à l'instar d'une mécanique automate, c'est l'homme, l'homme tout entier qui renaît et se révèle par les signes caractéristiques du vrai travail.

Le mercenaire rural qui retourne le champ d'autrui fait trois fois moins de travail et obtient trois fois moins de produits que l'homme libre travaillant la terre qui lui appartient ; celui-ci, en effet, travaille réellement et véritablement, tandis que l'autre peut labourer, semer et moissonner, mais il ne travaille pas. Il ne met pas dans son ouvrage et il ne communique pas à la terre la vertu féconde de son travail ; comment pourrait-il la communiquer, puisqu'il ne l'a pas, et puisque cette force féconde ne jaillit que de l'enthousiasme de la liberté en pleine possession de ce qu'elle aime?

Dites maintenant s'il est possible de traiter le travail comme une marchandise qui s'achète et qui se vend : deux raisons s'opposent à cette hypothèse. Le travail, dans sa conception organique, est l'homme même, et, dans sa conception philosophique, c'est une force libre qui se détruit quand on l'achète.

X

Dès que la force de travail commence à exister, il lui faut des objets où elle s'applique et s'exerce. Son premier objet est elle-même, elle s'affine et se développe, elle *se travaille* par un perpétuel mouvement. Ainsi un outil vivant qui s'emploierait à se rendre lui-même toujours plus fin et plus fort, pour réaliser plus pleinement ses effets.

Son second objet est encore tout près d'elle, il participe intimement de sa nature morale : la force de travail s'exerce à cultiver toutes les facultés de l'homme, l'instruction, l'éducation, la moralité, la vertu. On n'est pas désintéressé, généreux, patriote, humain, si la force de travail n'a été employée à élargir et à illustrer les divers côtés moraux de l'être pensant.

Le troisième objet est tout le champ des sciences, les domaines pittoresques de la spéculation, dont les limites se reculent sans cesse.

Le quatrième enfin, celui que l'on a coutume de considérer comme l'objet unique du travail, comprend les formes variées de la matière, la nature plastique, riche de choses et de phénomènes.

Ici la force de travail sort du champ intellectuel, elle fait irruption dans le domaine physique; l'homme devenu instruit, savant, habile, généreux par son travail, s'exerce à la prise de possession et à l'accommodement matériel de l'univers.

Les objets matériels du travail sont innombrables. L'homme cultive la terre, façonne un meuble, tisse une étoffe, bâtit une maison.

Il construit des routes, creuse des ports, endigue les rivières, il réunit les rives par des ponts ou bien il taille les obstacles de la terre et réunit les eaux.

Il fait des voitures, des bateaux, des locomotives, et toutes sortes de machines pour multiplier la vitesse et la force.

Il sculpte le bois et le marbre, peint un tableau, écrit un livre.

Comme le travail ne peut ni s'acheter ni se vendre, puisqu'il est la force essentielle et propre de l'homme, on remarque, dans la série des divers objets du travail, combien il y en a qui résistent aussi à toute tentative de trafic et d'échange.

D'abord les objets intellectuels et moraux, ensuite les objets ou résultats ou produits du travail qui ont une utilité générale, comme les routes, les ports, les canaux, ou comme les inventions des diverses sciences, — toutes choses qui peuvent profiter à l'humanité entière, sans cesser de profiter également à celui qui les a faites ou qui en a usé le premier.

C'est par abus, sophisme et ignorance que certaines personnes croient pouvoir acheter et détenir de tels biens, à leur exclusif profit; elles croiraient aussi pouvoir acheter l'instruction et s'en réserver les avantages pour elles seules et pour leurs enfants. Mais ces produits du travail humain appartiennent à la société universelle, parce que les produits de cette nature n'obtiennent le plein développement de leur utilité qu'en servant au public et parce que l'usage qu'en feront les particuliers n'est d'ailleurs nullement contrarié ni amoindri par l'usage qu'en fera tout le monde indistinctement.

Le cortège des nations s'avance par les routes de la terre, et chaque individu y passe à son tour, comme membre de ces nations et de cette humanité. Il en va de même pour les idées, pour la science, pour les inventions qui ne perdent rien de leur valeur en servant à tous, au contraire, elles ne font que s'élargir et se développer, plus elles servent. Les inventions s'enrichissent immédiatement de perfectionnements nouveaux, en tombant dans le domaine du public. La route s'élargit et s'aplanit, à mesure que les siècles y passent et que les pieds des hommes, détruisant les végétations toujours renaissantes, maintiennent la liberté du passage.

Les choses comme les êtres doivent trouver leur plein et parfait emploi en leur plus grand développement possible. Tout ce qui prétend s'opposer à cette loi naturelle n'est qu'usurpation et tyrannie. Quand un aliment a servi à nourrir un individu, il a trouvé son plein et parfait emploi, mais une idée et un livre ne trouvent le leur qu'en servant à l'humanité.

Si quelqu'un achète un chef-d'œuvre de l'art, une statue, un tableau digne d'être contemplé par les yeux ravis des générations, il l'emporte sous son bras, il se le réserve pour lui seul, il le cache avec une volupté de jalousie délicieuse dans l'endroit le plus secret de sa maison; mais ce premier triomphe de l'égoïsme dure peu, et bientôt le possesseur de cet objet unique et merveilleux que le génie humain a créé dans une heure d'inspiration sublime, éprouve l'irrésistible besoin de le montrer au monde entier. Il ouvre sa maison aux voyageurs de tous les pays, il fait de sa riche demeure un musée, et, quand il quitte la vie, il ressent cette obligation morale, qui s'impose à lui avec le caractère d'une loi, de léguer ce divin objet à la société universelle.

La nature d'un tel objet est telle en effet qu'il est trop grand moralement et intellectuellement pour se tenir dans la propriété privée d'un seul homme ou d'une seule famille. Sa beauté et sa gloire brisent les barrières étroites que l'égoïsme mal inspiré voudrait élever autour de lui. Il renverse par sa réputation les murailles et les portes et il se découvre au monde dans tout son éclat.

C'est alors seulement qu'il a sa valeur, qu'il trouve son plein emploi, qu'il exerce sa fonction dans la civilisation générale et dans l'éducation du monde.

Plus les produits de travail humain ont ce grand caractère de moralité et d'*intellectualité*, si je puis dire, plus aussi ils appartiennent à la société entière, plus ils disloquent et détruisent, comme par leur propre force interne, les entraves misérables de la propriété privée pour entrer de leur propre mouvement spontané dans la propriété universelle du genre humain.

Mais on remarquera qu'il y a plus ou moins, à des degrés divers, en tout produit du travail, un élément, une partie, un point qui appartient ainsi au monde et qui doit revenir au monde.

Le propriétaire le plus certain et le plus légitime d'une propriété n'a pas le droit de la détruire, de l'anéantir par son caprice, malgré ce qu'en pense le droit romain; car cette propriété, ce résultat, ce produit du travail fait partie de la richesse universelle, et l'usage que vous en faites sert au monde, mais sa destruction arbitraire et capricieuse appauvrit le monde.

Il n'est pas sans doute un propriétaire plus authentique et plus absolu d'une chose que celui qui a créé cette chose, qui a mis en elle son travail et sa pensée, qui lui a communiqué par son effort toute la quantité d'existence et de vie qu'elle peut avoir. Elle n'était pas; celui qui a fait en sorte qu'elle soit est son maître dans l'acception la plus complète du terme. Il pouvait ne pas la créer, il l'a créée : elle est donc sa chose et son bien. Cependant il doit la respecter dès qu'elle existe et se respecter en elle. S'il allait maintenant la détruire, la supprimer, il s'infligerait à lui-même une contradiction regrettable, il pourrait faire douter de son bon sens.

Cette chose, cet être, grand ou petit, humble ou superbe, vivant ou insensible a pris une place dans l'univers, des rapports se sont établis entre lui et tout ce qui l'entoure. Cette situation aurait pu ne pas exister, mais quand elle existe, elle a des droits vis-à-vis de celui-là même qui l'a formée arbitrairement, et s'il vient ensuite à l'anéantir, à briser sans raison les rapports établis, c'est un acte de pure violence et une perte de force vive, par laquelle il fait tort et à lui-même et au monde.

La plus belle et la plus grande des propriétés est celle d'un homme de génie, qui, sans collaborateurs, sans auxiliaires, aurait tout seul inventé une vérité, un principe de vie pour les nations, il aurait tiré ce principe des méditations profondes de son esprit, il en serait le père et la mère, l'unique créateur. Sans nul doute, voilà le plus heureux et le plus glorieux des propriétaires, il étend sur son bien, sur sa propriété la plus absolue maîtrise. Jamais une propriété n'a mieux mérité ce grand nom, car elle lui est absolument propre et personnelle; eh bien, dès que cette vérité est née de lui, elle n'est plus à lui, elle est au genre humain, et si son inventeur voulait la reprendre, l'asservir et l'étouffer, il deviendrait le voleur des nations et le brigand du monde, qui tout entier se lèverait pour sauver la vérité en écrasant son mauvais maître.

Et pourquoi cela? Parce que le réservoir latent de toutes les sciences, l'océan sans rivage qui contient et roule toute vérité dans son sein tumultueux, appartient au monde; et si quelque pêcheur hardi, embarqué sur ses flots, risquant sa vie pour la vérité, après mainte tempête et maint naufrage, finit par retirer dans ses filets le poisson miraculeux, le produit de sa pêche n'est pas à lui, mais au monde; c'est là sa gloire et son mérite.

XI

On ne peut acquérir la science et la conscience, d'où viennent tous les autres biens et toutes les réalisations positives, qu'à force de travail, en se donnant beaucoup de peine, et nous voyons les hommes qui accomplissent les découvertes les plus utiles, s'imposer fréquemment des labeurs excessifs, s'attirer des souffrances et des maladies très douloureuses par l'intensité et la continuité de leur effort.

D'autres ont bravé la prison, l'exil, la mort même pour faire entendre aux multitudes ignorantes ou à ces pouvoirs absolus, qui attendent leur conservation de l'ignorance des peuples, les vérités qu'ils avaient découvertes. Il n'appartient pas à tous les hommes de travailler ainsi pour la vérité qui est en même temps la justice. Mais tous ceux qui ont acquis la moindre instruction savent qu'on ne peut s'instruire que par le travail. L'enfant de nos écoles prend de la peine pour savoir lire, écrire et compter, ses maîtres en prennent aussi pour lui faciliter sa tâche. Ainsi on ne peut pas obtenir de l'instruction sans travail, et sans instruction on ne peut pas faire avancer l'industrie de l'humanité.

D'où apparaît la nécessité primordiale du travail, condition de l'affranchissement et de l'émancipation universelle. D'où apparaît aussi l'erreur funeste de ceux qui ont dit aux peuples que le but à atteindre était de vivre sans rien faire dans les douceurs de la paresse, lorsque la science sera devenue assez puissante pour suppléer à tous les efforts des hommes ; sophisme évident, puisque la science ne vit que de travail enthousiaste et continuel.

Le travail de l'homme, c'est-à-dire son admirable force de travail, constitue l'homme même ; et si l'on comprend que les individus se doivent à leur famille, à leur patrie et à l'humanité, d'où ils tirent tout ce qu'ils sont et tout ce qu'ils valent, on comprend aussi que leur force de travail appartient à leur famille, à leur patrie et à l'humanité.

Telle est la raison fondamentale pour laquelle nul homme ne peut acheter et s'approprier, quelles que soient sa richesse et sa puissance, le travail d'un autre, c'est que la force de travail appartient d'abord à celui en qui elle réside, et ensuite au monde, et quiconque prétend l'acheter pour son usage exclusif, comme une chose de trafic et de commerce, vole le monde.

La faculté de travail, immanente à l'être moral et pensant, est d'abord à lui, puis à l'humanité; et si vous voulez la confisquer à votre profit, c'est l'humanité que vous privez de ce qui doit lui revenir; mais vous en profiterez naturellement pour votre part comme membre de l'humanité et citoyen de la patrie.

Cette participation aux résultats du travail universel ne peut contenter votre violente passion d'acquérir; ce qu'il vous faut, c'est acheter positivement et matériellement le travail, l'énergie, l'âme d'autres hommes pour en faire votre chose à vous; il vous échappe donc que, si cela était possible, vous détruiriez le fonds commun de travail et d'énergie sur lequel vit l'humanité pensante.

La terrestre machine ne contient pas un homme si borné et si misérable qui ne rêve de s'attribuer le travail d'autrui, et qui, s'il en avait le pouvoir, ne se substituât au genre humain ; le charbonnier dans son échoppe absorbe le monde : il est tout pareil à César en ce point caractéristique.

Mais ce qui vaut bien mieux que d'acheter et de s'approprier et d'enfermer dans un coffre-fort à triple serrure le travail d'un certain nombre d'autres hommes, fussent-ils des centaines et des milliers, c'est d'avoir cette magnifique participation au travail de tous les hommes et de tous les siècles, au génie de tous les savants et de tous les artistes, aux sacrifices et aux vertus de toutes les grandes âmes, cette participation qui fait le charme et l'intérêt de notre existence superbement agrandie par la liberté, la science et les arts.

Or, ces deux phénomènes ne peuvent pas s'accomplir ensemble dans la grande chimie de l'univers moral : l'un détruit l'autre, il faut choisir ; s'il est vrai que vous pouvez acheter et appliquer à votre profit personnel toute la portion de travail des autres hommes qu'ils n'utilisent pas à leurs propres besoins et aux besoins de leur famille, il ne reste plus rien pour constituer le patrimoine de l'humanité.

Tout homme qui pense, agit et travaille, laisse pour le monde une part de son travail qu'il n'a pas dépensée pour lui-même, cela se fait naturellement sans qu'il y pense ni qu'il y prenne garde. C'est par là que le monde s'enrichit, s'instruit, se moralise, se civilise. De cette masse de cotisations et contributions apportées par les individus passagers qui meurent, se compose le capital perpétuel et à jamais réservé de la société universelle. C'est pourquoi si vous prétendez acheter pour vous tout ce surplus et faire vôtre ce qui n'est pas nécessaire à l'entretien des travailleurs, vous supprimez toute possibilité de civilisation progressive, vous pillez le genre humain et vous expropriez le monde.

III

LA SOUVERAINE QUESTION

L'INSTRUCTION POUR TOUS

Tout l'univers demeure inutile si une intelligence n'apparaît qui, se pliant à ses nécessités et à ses lois, le plie ensuite à ses propres desseins et l'utilise à l'illustration d'un libre génie. La puissance des vents et des eaux, l'électricité aux transformations magiques, l'énergie universelle de la gravitation, qui maîtrise les mondes et gouverne la molécule, les règnes variés de la nature luxuriante ne présentent que le spectacle de la torpeur et de la mort quand on ôte de la scène l'être pensant.

Nous n'en sommes plus à considérer, dans un égoïsme naïf, que l'univers ait été fait pour l'homme, qui en serait comme « le roi »; mais il est absolument vrai de dire que cet univers ne se comprend pas sans l'homme, et que, si l'homme n'existait pas, le système du monde serait changé.

L'électricité a dormi des millions d'années au sein des choses avant que l'un des fils de l'antique Orient eût mis par hasard l'ambre en contact avec la soie. Elle aurait dormi toujours, si l'homme pensant n'était venu à elle pour l'éveiller, comme cette merveilleuse princesse, en son château gothique, n'aurait jamais secoué les liens du sommeil, si le fier chevalier, vainqueur des monstres, n'était venu lui tendre une main amie et libérer le souffle en son jeune sein palpitant.

Depuis que l'homme encore inculte, et qui promenait sur la matière son premier regard incertain, a sollicité les premières manifestations de l'électricité dans l'ambre, il a fallu trois mille ans pour que cette force parvînt à exprimer des résultats positifs, susceptibles d'une application pratique aux besoins de la vie humaine et aux progrès de la vérité.

Elle est née, elle a grandi et s'est développée avec l'homme; elle a suivi pas à pas l'être pensant, se formant avec lui et par lui, et l'aidant à se former lui-même, à mesure qu'il la cultivait de ses soins ingénieux — perfectionnement mutuel et mariage admirable de l'homme avec la force.

Il a été nécessaire que l'homme eût créé d'abord les sciences successives, les ajustant l'une à l'autre, grâce à la collaboration du temps et des hasards heureux, et qu'une tête pensante eût réussi à acquérir, par un travail ininterrompu de vingt ou trente siècles, l'instrument de la véritable méthode avant que l'électricité arrivât à la pleine puissance de ses multiples effets.

Elle est, cette force, modèle et type des forces naturelles, la plus complète que nous ayons jusqu'à présent conquise; elle est ce que l'homme est lui-même, — pauvre et débile quand il l'est, naïve tant qu'il est enfant, plus riche quand il s'enrichit de science et de liberté, prodigieusement féconde en transformations lorsque cet homme, son séducteur et son maître, est devenu extrêmement savant et raffiné. Alors elle l'inonde de sa lumière, elle l'éblouit de ses prodiges, clarté, chaleur et mouvement à la fois; et si, dans les siècles prochains, comme cela est déjà arrivé, l'être pensant décline et retombe, rentre dans les ténèbres. l'électricité suivra cette marche descendante, elle s'éteindra peu à peu, et elle ira de nouveau s'immobilisant dans le sein des choses sans vie, dans les veines rigides des métaux et des résines, dans le creux des roches inertes, s'enveloppant de silence et de nuit, regagnant son sommeil léthargique, jusqu'au jour où l'homme s'étant reconquis par la science et la liberté, sera de nouveau capable de réveiller l'ambre endormie.

Ceci n'est pas un pur symbole. Il est difficile de concevoir à quel degré d'effacement la nature serait réduite par la disparition de l'homme. Debout sur un point perdu dans l'espace infini, il est si puissamment lié à l'ensemble des choses et des phénomènes qu'on ne peut se faire une image de ce que le monde serait sans lui. Le monde existait au commencement des temps, et l'homme n'était pas encore; mais déjà le monde concevait l'homme, déjà il travaillait à la formation de l'être pensant. Ainsi l'on peut affirmer que, positivement, il y avait déjà de l'homme dans le tout, et si l'homme n'avait pas dû être un jour, c'eût été un tout autre monde.

L'ordre des phénomènes aurait suivi une

marche différente, le système de l'univers n'aurait pas été le même qu'aujourd'hui ; et maintenant que l'homme est arrivé où il en est, on ne conçoit pas qu'il puisse disparaître sans une modification entière de l'ensemble.

Il est absolument certain que la lumière n'existe qu'à la condition qu'il y ait des yeux pour voir le jour azuré. Le soleil s'éteindrait avec le dernier regard du dernier être vivant dans l'univers. Il n'y aurait pas de son dans l'air, point de sources doucement murmurantes, point de tempêtes hurlantes et gémissantes, s'il n'y avait des oreilles ouvertes aux vibrations du ciel. Ainsi l'on est en droit de se demander ce que seraient l'ordre et les lois du monde, s'il n'y avait pas une raison pour les concevoir, une conscience pour les refléter.

L'esprit humain est la seule vraie force active et productrice dont nous ayons jusqu'à présent la connaissance. Ce que l'on nomme dans une langue superbement empirique et pompeusement pauvre « le capital » n'est qu'un poids mort et sans vertu, incapable de produire ni de se reproduire, quoi qu'en pensent les économistes. Les matières dites « premières » sont des matières secondes, tertiaires, quaternaires, quinquennaires, millénaires... La houille a pour matière première le bois, le bois a pour matière première les feuilles, les feuilles ont pour matière première l'oxygène, l'hydrogène, et le carbone; nous passons, dans cet ordre rapide et grossier, une infinité d'intermédiaires. Le soleil a travaillé pendant des milliers d'années, ouvrier sans pareil, pour composer ce morceau de charbon que notre science économique a nommé une matière première.

Mais le soleil et le morceau de charbon sont sans lumière et sans chaleur, si une intelligence ne les embrase de sa propre flamme, si des yeux ne s'ouvrent pour les voir et des mains pour les capter. L'unique facteur du travail est l'esprit. C'est lui le seul élément premier de toute formation, composition et transformation, et, quelles que soient sa naissance et son origine, il nous suffit de constater sa présence et d'adorer sa souveraine maîtrise.

L'unique et universel ouvrier, le mathématicien, le physicien, le chimiste, l'architecte, l'agronome, le tisseur de toile et le coupeur d'habits, c'est l'esprit; c'est lui qui fait les yeux clairvoyants et perspicaces, les mains intelligentes et artistes.

Si l'esprit fait tout, il a le droit de réclamer tout pour lui; tout lui revient; mais il ne réclame point sa part des biens que les hommes se disputent par le fer et par le feu, par les calomnies et les procès; il se nourrit et s'enrichit de son désintéressement, et il assiste avec une tranquillité souriante aux batailles de ces paresseux et de ces mendiants qui, n'ayant rien créé, et d'ailleurs incapables de produire quoi que ce soit, se dépouillent les uns les autres, s'arrachant et se dérobant, au milieu de l'universel pillage et volerie, des richesses qu'ils ne tiennent jamais et dont ils ne peuvent tirer aucun parti d'utilité ni de jouissance.

Lui seul, artiste inépuisable, possède tout sans rien avoir, jouit réellement de tout, sans toucher à rien. Sa jouissance est de sentir à tout instant son propre développement dans le développement de l'univers. Il travaille sans cesse par sa propre force spontanée, et ce travail est tout son bonheur. Il vivifie l'univers muet et morne, il lui communique l'harmonie et le prestige ravissant des couleurs. Il le fait marcher et parler. Cet univers, tel que nous avons appris à le contempler, est proprement et positivement une création de notre intelligence, jusqu'à un point que l'on ne saurait déterminer. Retranchez, par la force de l'abstraction, ce spectateur, et le spectacle s'évanouit. Ce qui peut rester, notre abstraction faite, n'a plus ni couleur, ni chaleur, ni son, ni géométrie; et c'est le cas de dire que ce je ne sais quoi qui subsiste « n'a plus de nom dans aucune langue ».

Ainsi l'ouvrier de tout l'univers connu est l'esprit, et cet ouvrier, d'un désintéressement si pur, s'assimile tout sans rien prendre, profite de tout sans rien user. Avec ce désintéressement, il fait de toute chose son butin et sa proie, qu'il transforme et embellit par un art magique; légitime voleur et receleur de toutes les formes et phénomènes, il s'amuse de sa supercherie sublime, par laquelle il compose de tous les mensonges, de toutes les félonies et de toutes les turpitudes le capital grandissant de l'éternelle justice et de l'éternelle vérité.

Il ne s'agit pas, on l'entend bien, d'un esprit isolé, d'un esprit individuel, quelle qu'en soit la puissance ; il s'agit de l'esprit, de l'intelligence, de la raison, de l'initiative intellectuelle et morale, du mouvement de la pensée libre, dans toute l'étendue, développement et intensité qu'elle peut avoir ou acquérir dans l'univers.

C'est là l'unique force productrice de richesses matérielles et morales, d'industrie, de civilisation, l'unique et vrai capital. C'est le fonds spirituel de l'humanité pensante, le réservoir idéal d'où découle et jaillit tout ce que nous voyons et possédons, les gouvernements, les lois, l'histoire, les sciences, la mécanique, la vapeur et l'électricité, et tout ce que nous pouvons nous forger, dans nos rêves sans bornes, d'acquisitions plus brillantes encore et de plus grandioses conquêtes.

Tout est là et rien n'est ailleurs que là. Cela dit tout et contient tout. Un esprit individuel, séparé de la masse d'intelligence qui forme le capital de l'humanité, ne saurait se comprendre ni subsister. Comme tous les biens matériels et particuliers viennent de là, de même tous les biens intellectuels particuliers. Homère et Racine, Platon, Descartes, Condorcet, Galilée et Newton ont été des reflets passagers et splendides, des expressions particulières et sublimes de cet esprit général. La part que chaque intelligence peut revendiquer en propre est presque insaisissable ; il n'est pas une molécule d'originalité qui résiste longtemps à une analyse, armée de la psychologie et de l'histoire. Les plus riches ont tissé leur vêtement de fils empruntés à toute la nature. Avouons hautement que rien n'est à nous de ce qui est en nous, mais que tout ce qui fait notre gloire est comme une rente hasardeuse et précaire qui nous a été octroyée par privilège, du capital intellectuel commun ; et ce sera là ta vraie propriété originale, ta richesse personnelle, d'où tu tireras mille avantages précieux, ce sera cet aveu et cette reconnaissance loyale que rien ne t'appartient dans tout ce que tu as en toi-même et sur toi ! Ce principe t'ouvrira le chemin de tous les progrès et te conduira sûrement à la prise de possession de tous les trésors de la sagesse.

II

Le génie inventif ne s'acquiert pas d'ordinaire dans les écoles, mais il faut reconnaître qu'il est une manifestation de l'instruction générale des hommes. Plus on aura une grande démocratie instruite et éclairée, plus nombreuses seront les chances de voir s'élever de son sein des inventeurs, des hommes industrieux et entreprenants qui découvriront les ressorts et les procédés, physiques et chimiques, avec leurs agencements et leurs combinaisons, pour accroître sans cesse les forces de l'industrie productive.

Plus on tirera de l'ignorance une quantité considérable d'hommes, plus on aura la possibilité de mettre au jour des Jacquard et des Grangé, des Watt et des Arkwright.

Un homme de cœur et de haute raison, très inventeur lui-même, qui a enrichi et transformé son village matériellement et moralement, me disait : « Nous ne pouvons pas savoir tout ce qui, dans le nombre immense des enfants et des hommes privés d'instruction véritable, reste encore de génie inconnu, de facultés inventives endormies et qui ne s'éveilleront jamais, faute des premières lumières nécessaires!

« Dans ce déchet de l'humanité, dans ce résidu que l'on néglige et que l'on oublie, dans tout ce qui se perd et se consume sans rien produire, il y a des sources d'invention, des richesses matérielles et morales incalculables, qu'il suffirait d'explorer pour apporter à la civilisation des forces dont nous ne pouvons avoir aucune idée !... »

Ce sage avait mille fois raison, et il était lui-même un exemple de ce que l'on peut tirer des déchets de l'industrie méprisés par le vulgaire. C'est du sein de ces éléments méprisés qu'il avait fait sortir la fortune pour lui et pour sa contrée.

Mais tout le déchet intellectuel et moral du peuple, tout ce qu'on laisse se perdre de l'intelligence de la nation est mille fois plus précieux que le résidu des alambics et des hauts fourneaux.

Dans un livre récent, M. J. Novicow nous a présenté un tableau extraordinairement curieux des *gaspillages* qui s'opèrent, non seulement dans *les sociétés modernes*, mais à toutes les époques, et ils étaient autrefois bien plus grands que de nos jours : gaspillage de temps, d'énergie, de produits en tout genre, gaspillage de travail et de richesse. On écrit avec notre alphabet au moins cinq fois plus vite que l'ancien scribe de l'Égypte avec les caractères hiéroglyphiques. Mais le typographe moderne compose et imprime à la machine cinq fois plus vite que le plus habile calligraphe ne peut écrire, et les mécaniques, chaque jour perfectionnées, se surpassent l'une l'autre en vitesse. Ainsi on peut calculer que la reproduction à mille exemplaires d'un volume de 300 pages demande, suivant les procédés employés, ou plus d'un million d'heures, ou 200,000 heures seulement, ou 50,000, ou 500. Dix compositeurs, aidés d'une machine, font aujourd'hui autant de travail que 300,000 copistes d'il y a cinq siècles. Le gaspillage de temps, si considérable autrefois, ramené par l'industrie moderne à une limite qui nous semble presque irréductible, sera certainement diminué encore dans l'avenir.

M. J. Novicow fait comprendre par de tels calculs appliqués aux ordres de faits les plus différents, combien sont nombreuses les formes du gaspillage universel. Seulement, le dirai-je ? le gaspillage par excellence, la source de tous les autres, est à peine indiqué ; l'auteur l'a entrevu, il ne l'a pas réellement vu et senti, et il ne nous l'a pas expliqué, c'est le gaspillage intellectuel et moral, la perte incalculable des forces vives de l'être pensant.

L'instruction du peuple, non pas seulement d'une partie du peuple, mais de tout le peuple, est, après vingt ans d'efforts, le plus grand problème de la démocratie, aujourd'hui comme au premier jour. Si un seul enfant est oublié, c'est Archimède, c'est Newton peut-être que vous avez perdu !

Nous vivons et nous mourons dans un tourbillon infini de phénomènes que nous n'apercevons pas, qui nous assiègent et que nous ne sentons point. La nature est un théâtre qui n'a point encore de spectateurs dignes d'elle. Ce ne sont pas seulement quelques témoins, isolés çà et là, qu'elle demande et qu'elle attend, un Claude Bernard, un Pasteur, un Liebig ; c'est la masse entière des hommes, attentive et voyante, qu'elle appelle et qu'elle sollicite. Comme elle sera vivante, comme elle s'animera et parlera et se donnera à l'humanité avec un fécond amour, lorsque de tous côtés des foules d'hommes innombrables seront capables d'entretenir avec elle un commerce quotidien !

Alors, il y aura un plus grand nombre de savants pour saisir l'occasion fugitive de la découverte, et il y aura un plus grand nombre d'hommes instruits, de travailleurs habiles pour en faire l'application intelligente.

Voilà pourquoi l'instruction telle que nous l'avons organisée jusqu'à présent, avec tant de travail et de dépenses, doit être considérée comme n'étant encore qu'à ses premiers commencements. Instruisons, instruisons intrépidement, sans nous lasser, sans nous inquiéter, le reste se fera par surcroît et ne peut se faire qu'ainsi ! L'enseignement, non pas seulement le primaire, pour lequel nous avons accompli depuis vingt ans un si noble effort, mais l'enseignement après l'école, l'enseignement de tout le peuple, de tout le suffrage universel, de toute cette grande démocratie, avide de progrès et de justice, c'est là, on peut l'affirmer, tout le plan de la politique de l'avenir. Les idées de prévoyance, d'assurance, de mutualité, qui ont commencé à prendre d'heureux développements, ne pourront elles-mêmes arriver à leur plein état de croissance et de floraison que dans une démocratie réellement instruite et éclairée. Instruisez donc! instruisez sans peur et sans restriction! Enrichissez les générations à venir d'une instruction toujours plus complète! L'instruction, la science, l'expérience, la force intellectuelle et morale est l'unique capital, comme l'esprit est l'unique ouvrier.

Et c'est ainsi que le travail et le capital ne font qu'un.

III

La question d'enseignement, nous ne cesserons de le répéter, contient tout; elle est le fond de tout, le point cardinal de l'état démocratique dans les temps modernes. C'est de l'enseignement seul que nous pouvons attendre le salut; c'est toujours à lui qu'il faut revenir, qu'il faut demander les solutions qui échappent à tous les autres moyens dont peuvent disposer les législateurs et les gouvernements.

Une demi-instruction peut amener des luttes, des crises politiques et morales et des agitations que la parfaite ignorance ne connaît pas; elle peut, à certains moments, paraître nous éloigner de l'ordre et de la vérité, au lieu de nous en rapprocher. Mais ce n'est certainement qu'une apparence. Il faut bien traverser les périodes de demi-instruction, pour arriver à l'instruction plus complète. Et si les démocraties modernes sont dans cette phase de demi-instruction, que toutes sortes de troubles moraux accompagnent, il est impossible de ne pas croire qu'on s'approche ainsi d'un degré plus élevé de l'ordre et de la moralité, et il n'y a absolument aucune autre route pour en approcher.

Dans son quatorzième congrès national, qui s'est tenu à Nantes, la Ligue française de l'Enseignement a posé particulièrement cinq questions : 1° mesures à prendre pour favoriser le développement de l'instruction par l'initiative privée; 2° éducation physique à côté de l'éducation civique et morale; 3° instruction des adultes entre l'école et le régiment; 4° éducation des citoyens par les conférences, les bibliothèques, les publications populaires; 5° éducation des femmes; — programme admirable, et qui contient presque tout ce qui est nécessaire à notre démocratie, en fait d'enseignement public.

Pour mettre à exécution un tel programme, nous devrions pouvoir libéralement offrir à la

Ligue tous les millions qui ne servent qu'aux préparatifs de la barbarie et de la guerre, par lesquelles les lumières longuement et laborieusement allumées sur notre globe ont toujours été éteintes.

Nous signalons surtout les troisième et quatrième articles de ce programme, qui nous ramènent à des réflexions que nous avons exposées fréquemment. L'instruction primaire, telle qu'elle est jusqu'à présent établie et organisée, ne sert à rien ou à presque rien, puisque à vingt ans, puisque à quinze ans, on a tout oublié. Ce régime, le seul où nous ayons encore pu nous élever avec tant d'efforts et de dépenses, ne constitue pas même cette demi-instruction pleine d'inconvénients et de périls. Ce n'est pas même cette demi-lumière qui vacille et qui égare; c'est encore la pleine nuit. Voilà ce qu'il faut comprendre et avouer. Nous n'en sommes qu'aux premiers commencements de ce que doit être la véritable instruction du peuple.

Et cependant, ce que la République a fait pour l'enseignement primaire sera son éternel honneur dans l'histoire. Jamais on ne lui sera assez reconnaissant, jamais on ne la louera ni la félicitera assez pour l'énergie, la confiance, la persévérance qu'elle a déployées dans la création et l'organisation d'un enseignement primaire vraiment digne d'une grande démocratie libre.

Mais après l'enseignement primaire, si l'on veut que tout le fruit n'en soit pas perdu et gaspillé dans les premières années qui suivent l'école, dans ces années si précieuses et si critiques de douze ou treize ans à vingt ans, il faut une seconde période d'instruction, avec d'autres moyens, d'autres méthodes et tout un autre plan.

Entre l'école et le régiment, l'adolescence de notre temps se hâte à la fois de jouir et de travailler, de marquer sa place à l'atelier, à la fabrique ou au bureau. Les parents sont là, gênés pour la plupart, et pressés de retirer un bénéfice nécessaire d'un travail, hélas! trop précipité. De quinze à vingt ans — espace si bref

quelque chose de singulièrement dramatique, en contraste avec cet âge charmant : la gravité précoce et l'ardeur de jouir à la hâte. Qui s'en étonnerait? Les jeunes gens ont tous l'air de dire à l'amour, à la gloire, à la douce lumière du jour : *morituri te salutant.*

Il faut chez les parents comme chez les enfants un esprit de prévoyance, de désintéressement, et une volonté, une énergie peu communes, pour que la journée de travail manuel aille se terminer sur les bancs des cours du soir.

C'est alors qu'il faudrait des méthodes d'un attrait singulièrement puissant et appropriées à un tel auditoire. On est effrayé des difficultés de ce problème quand on y réfléchit, mais il n'y a pas de problème plus important pour l'avenir de la civilisation démocratique.

Il semble que le moment soit venu d'aborder cette tâche nouvelle qui demande des législa-

adultes? Nous l'attendons, nous l'appelons, et il n'y aura pas de rôle plus grand que le sien. Mais si l'État est et doit demeurer le régulateur de l'enseignement primaire, c'est à l'initiative des communes et des sociétés libres d'enseignement qu'il faut s'adresser pour l'instruction des adultes, c'est-à-dire pour la conservation et le développement, pendant l'adolescence, des notions acquises à l'école.

L'homme doit s'instruire pendant toute sa vie; cette instruction qui embrasse la vie entière se partage en quatre périodes bien distinctes. D'abord c'est la famille qui est chargée de l'instruction et de l'éducation du jeune enfant; l'État le prend ensuite sous sa tutelle pour lui inculquer les notions générales nécessaires dans le temps et dans l'état de société où l'on vit; cette seconde période pourrait aller au maximum jusque vers la quinzième année. Les associations d'enseignement, les chambres syndicales, les chambres de commerce, les chambres et les conseils du travail, les communes devraient fournir la troisième étape, qui comprend l'enseignement professionnel et la spécialisation des métiers. Pour la quatrième, qui dure jusqu'à la fin de la vie, l'homme doit s'instruire lui-même tous les jours.

Si nous voulons préparer cette véritable instruction du peuple, qui s'identifie avec son éducation même, notre enseignement primaire doit absolument se compléter par un enseignement qui accompagne la jeunesse jusqu'au régiment et pendant le service militaire et encore après. L'état démocratique, si bien organisé qu'on le suppose, sera-t-il jamais capable de résoudre par ses propres forces un problème d'une telle étendue? C'est ici que l'initiative privée et l'initiative associée des citoyens trouvent devant elles un carrière infinie! C'est ici que l'on peut s'exercer à mettre en pratique cette vraie et seule méthode d'instruction et d'éducation, qui consiste à s'instruire et à s'éduquer soi-même par le libre effort de la conscience réfléchie. Le peuple qui entreprendra de s'instruire lui-même aura la gloire de résoudre le problème de l'éducation populaire, et l'on peut dire à la vérité, qu'ayant conçu une telle pensée, il sera déjà maître de la question et il l'aura toute résolue.

IV

Surproduction, surtravail, surpopulation, surmenage, toute cette langue exotique n'est pas seulement agaçante, elle affecte de donner une tournure scientifique à des fragments d'idées baroques et contradictoires.

Ne parlons que de cette « surproduction » par laquelle on entend nous signifier qu'il y aurait un excès, une prodigalité, une fureur de production telle que la société ne saurait que faire de ses produits et qu'elle en demeurerait accablée.

Or, il est absolument certain que ce phénomène ne s'est jamais rencontré jusqu'à présent dans l'histoire des hommes ni de la nature, que la surproduction n'a jamais existé, qu'il n'y a pas trop de produits et que, bien au contraire, il n'y en a pas assez.

Que dans une certaine industrie et dans un certain domaine étroitement borné, on ait quelquefois produit trop, c'est possible. On peut avoir activé trop vivement le travail dans un laps de temps donné, et se voir ensuite dans l'obligation de le ralentir ou de chômer complètement. Sans doute cela se voit, mais ce sont des défauts de méthode, des exceptions et des cas particuliers, auxquels on conçoit très bien qu'il serait possible de se soustraire.

D'une manière générale, il est malheureusement trop certain que la surproduction n'est qu'une chimère d'esprit blasé et que, pour des millions et des millions d'hommes, la production ne suffit pas encore à leur donner, je ne dis pas un peu d'agrément et d'aisance dans la vie, mais seulement le nécessaire.

La terre ne produit pas assez de froment et de fruits, les fabriques ne produisent pas assez de vêtements et de souliers, les maçons ne bâtissent pas assez de maisons, les écoles, que nous avons multipliées avec une prodigalité que nos adversaires nous reprochent, sont encore bien éloignées de nous procurer une surproduction d'enseignement pour les générations qui continuent à croupir dans l'ignorance et dans la plus noire misère intellectuelle.

Il faut renverser de son piédestal cette idole élevée par les mains d'une économie égoïste, qui se figure que le monde est nourri quand elle est rassasiée, et qui, ravie de ses propres lumières, croit déjà qu'il y a surproduction d'instruction, d'intelligence et de moralité dans l'univers et qu'il serait prudent de se remettre un peu à faire la bête.

Cette sainte et sacrée Surproduction, je ne vois dans ses temples que des hommes et des femmes qui n'ont pas besoin d'ôter leurs souliers ou leurs chapeaux pour venir l'adorer, car ils n'ont ni l'un ni l'autre. Et cependant ils devraient vivre dans une béatitude perpétuelle, s'il est vrai, comme le dit le proverbe oriental, que l'homme heureux est celui qui n'a pas de chemise, car un tel trésor est à jamais intangible et introuvable pour eux!

Il y a une preuve évidente et parfaitement scientifique que la surproduction n'existe pas : c'est que tous les produits se consomment, même quand ils ont été gâtés ou altérés par le retard, par le marchandage et par l'amour désordonné du lucre; c'est que tous les produits, en fin de compte, trouvent leur emploi, que rien ne se perd, que rien ne reste; et que, dans cet usage, dans cette exploitation, assimilation et transformation de tous les produits, en définitive, il n'y en a pas assez pour tout le monde.

Donc, bien loin qu'on puisse se plaindre de la surproduction, il y a un manque de production dont nous ne pouvons calculer l'étendue.

La société actuelle, parvenue à ce qui nous paraît le comble de la civilisation industrielle et scientifique, démontre tous les jours son impuissance à fournir le strict nécessaire à tous ses membres, dût-on faire un partage égal de tous les biens, puisque tous les produits, en fin de compte, se consomment dans l'état actuel des choses, et qu'on ne peut distribuer ce que l'on n'a pas!

Quant à penser que les hommes modernes vont se préoccuper de se restreindre et s'efforcer de revenir, par diplomatie et calcul, à la vie patriarcale, au milieu du déploiement prodigieux des forces mécaniques, c'est une vue en désaccord flagrant avec la réalité des faits comme avec les aspirations du cœur humain.

Il ne s'agit donc pas de remanier indéfiniment les systèmes de distribution de choses que l'on n'a pas, de biens que l'on ne possède pas, de produits qui n'ont jamais existé et n'ont jamais été mis au jour, dans l'enfantement borné de nos fabriques et de nos usines que leurs merveilleux ressorts laissent encore puérilement impuissantes. Il s'agit de les produire, toutes ces choses qui nous manquent, et dont les hommes, les femmes et les enfants ont besoin pour vivre décemment et honorablement dans la civilisation du XXe siècle. Il s'agit de les faire, toutes ces choses, et de les faire dans des conditions telles que la foule innombrable de ceux qui en manquent puissent les acquérir.

Ces excès de la production, dans un cercle extrêmement petit et pour un temps très court, que nous avons signalés plus haut, ne se produiraient pas, si nous pouvions acquérir ces choses qui attendent, se corrompent et se consomment d'elles-mêmes, tandis que c'est nous qui devrions les consommer.

Admirez ce paradoxe de notre civilisation : les fruits de la terre se mangent et se rongent en quelque sorte eux-mêmes, et les hommes restent en grand nombre dans l'anxiété et la bouche vide; les vêtements s'usent et moisissent dans les magasins au lieu de s'user sur le corps des hommes et des femmes qui sont nus, et qui dépérissent prématurément par le manque de ces habits qui se perdent inutiles! Voilà quelques-uns des effets bizarres et funestes de l'ordre de choses où nous continuons de vivre par notre ignorance.

La superstition de la surproduction est bien l'un des témoignages les plus curieux et les plus éclatants du peu d'instruction relative auquel nous sommes encore arrivés.

Il s'agit d'obtenir à meilleur compte, avec moins de travail et de dépense, beaucoup plus de produits que les hommes pourront échanger en paix. L'instruction universellement répandue peut seule résoudre ce problème, qui est à la fois un problème matériel et un problème moral.

V

Non, malgré ce qu'on entend dire tous les jours, ce n'est pas la production qui nous étouffe; il n'y a pas *surproduction*, il y a tout le contraire, ce que l'on devrait appeler, dans ce mode de langage barbare, *sousproduction* ou *moinsproduction*.

Il manque une quantité énorme de produits naturels et artificiels, industriels et artistiques pour satisfaire aux besoins progressifs de la civilisation, aux appétits physiques comme aux appétits intellectuels et idéaux de l'humanité pensante.

Je montrerai en quelques mots l'un des points particuliers les plus saillants de ce grand et curieux problème. On se lamente sur la surabondace des professeurs des deux sexes ; il y a trop d'instituteurs ! Il y a trop d'institutrices ! On ne sait que faire, nous dit-on, de l'excès des produits de nos écoles normales ! Cette façon de raisonner est basse et méprisable, quand on considère la quantité d'ignorance qui occupe encore la plus grande partie de la surface du globe et de notre pays.

C'est à peine si nous sommes parvenus à élever çà et là quelques petits phares incertains au milieu de cette nuit sinistre qui déroule autour de nous ses abîmes d'obscurité et de terreur, où se débattent et sifflent toutes les tempêtes. Et il y a trop de lumière ! Et il y a trop d'instruction !

A la vérité, il nous manque des milliers d'instituteurs et d'institutrices, des milliers de femmes et d'hommes éclairés, instruits, expérimentés, qui soient capables de communiquer les fruits de leur expérience à la foule innombrable des ignorants. Ce grand travail d'instruction universelle ne peut pas se faire dans des écoles, avec le budget que les Chambres accordent au ministère de l'Instruction publique. Notre organisation actuelle d'enseignement représente à peine ce petit phare qui tremble dans le sein profond d'une nuit tumultueuse et sans bornes.

VI

Revenons à ces produits manufacturés dont nous demandons une quantité prodigieusement supérieure à celle que nous possédons jusqu'à présent, afin que les hommes puissent les appliquer à leurs besoins, à un prix extrêmement inférieur à celui que nous connaissons.

Ce ne sera toujours qu'une partie de notre problème, mais c'est une partie importante sur laquelle je me permets d'insister. Je sais bien que les économistes, et principalement les libre-échangistes, ne se méprennent pas sur l'intérêt que présente une telle question dans les démocraties contemporaines. Ils comptent sur la concurrence générale pour abaisser le prix de tous les produits jusqu'à une limite qu'on ne saurait prévoir. Mais ce que la concurrence ne fera jamais, dans ses efforts les plus furieux, en pressurant le travail humain au delà même de ce que peut tolérer l'humanité ; ce qu'elle ne peut pas, c'est abaisser le prix des produits au-dessous de leur revient ; or, on a beau faire et s'y prendre comme on voudra, dans l'état actuel de notre industrie, ils reviennent trop cher pour qu'un grand nombre d'hommes et de familles puissent en acheter, quand bien même on doublerait le prix de leur travail, ce qui augmenterait encore le prix de revient du produit.

Les besoins augmentent par la comparaison et l'imitation, par le développement du luxe ambiant, par le raffinement des natures toujours plus sensibles ; ces besoins augmentent beaucoup plus vite que les moyens que l'on apporte à leur satisfaction. Il se fait ainsi une rupture de l'équilibre moral et social qui présente des dangers tous les jours plus grands.

Il faut produire davantage. Il faut produire à meilleur marché. On ne peut franchir la limite où l'on est arrivé que par de nouveaux progrès dans la production ; on ne peut réaliser ces nouveaux progrès dans la production que par de nouveaux progrès dans l'instruction générale et dans l'instruction particulière.

J'ose dire, après toutes les merveilles dont nous avons été les témoins depuis le dix-huitième siècle, que notre société attend de nouvelles générations d'inventeurs dans tous les arts mécaniques et chimiques, et que la première manufacture d'indiennes, fondée à Jouy, par Oberkampf, était à nos manufactures actuelles ce que celles-ci deviendront à leur tour, en comparaison des manufactures de l'avenir.

Je ne parle pas spécialement de la grandeur imposante, de la concentration des rouages et des forces, car ces méthodes peuvent changer comme les autres. Je parle de la puissance et de la rapidité de la production en général, afin que les besoins du grand nombre aient à bon marché leur satisfaction nécessaire ; c'est ce perfectionnement de la production qui doit dépasser et qui dépassera au siècle prochain tout ce que nous connaissons aujourd'hui, autant que se trouve dépassé par ce que nous connaissons ce que connaissaient les hommes les plus ingénieux et les plus entreprenants du XVIIIe siècle.

Si ce phénomène ne se produisait pas d'une manière ou d'une autre, nos successeurs verraient bientôt le déclin et la mort d'une civilisation que nous croyons aujourd'hui pouvoir admirer dans la plénitude de son resplendissement. Mais pour que ce phénomène se produise, que cette évolution s'accomplisse, il nous faut de nouvelles générations d'inventeurs et de nouvelles générations d'ouvriers capables de manier et d'appliquer les inventions du génie. Et où voulez-vous que nous allions les chercher, ces inventeurs, ces trouveurs et ces applicateurs de procédés inédits et inconnus, si ce n'est dans la masse innombrable des ignorants nés ou à naître sur la surface de notre globe?

Si l'on me permet une analogie tirée de nos dissensions politiques, je rappellerai ce mot de Gambetta, à qui l'on reprochait d'aller chercher ses nouvelles couches de républicains parmi les bonapartistes et les monarchistes : « Où voulez-vous donc que je les aille chercher ces nouveaux républicains dont nous avons besoin, disait-il, si ce n'est parmi ceux qui ne le sont pas ? » Et de même, où voulez-vous donc que nous allions les chercher nos mécaniciens, nos chimistes, nos électriciens, tous ces ouvriers instruits et habiles, tous ces artisans de haute valeur et de haute raison, dont nous attendons la venue, où irons-nous les chercher si ce n'est dans la masse obscure et inorganisée de l'ignorance et des ténèbres ?

On peut constater dans la société actuelle, mais on ne peut pas en calculer l'étendue, une perte de forces intellectuelles innombrables, un déchet de qualités morales qui ne sont pas mises en œuvre, une jachère à perte de vue dans les champs de l'intelligence humaine. Il s'agit de labourer et de cultiver, avec une science nouvelle et des procédés nouveaux : « c'est le fond qui manque le moins », disait notre fabuliste. Le fond ne nous manque pas, mais combien nous sommes encore éloignés de le mettre en œuvre comme il le faudrait !

Il faudrait que pas un sillon de l'intelligence nationale ne demeurât, où « la main ne passe et repasse ». C'est seulement alors que nous commencerons à savoir ce que la puissance intellectuelle de la France peut produire. Le génie court les rues, ignoré de lui-même et des autres ; et il y a tel petit mendiant de Paris, tel petit vagabond, ramassé dans le ruisseau et qu'on traîne bêtement au poste voisin, qui aurait trouvé, si on l'avait instruit, un procédé de génie pour livrer à moitié prix des chapeaux et des souliers à la multitude de gens qui vont encore nu-pieds et tête nue.

Notre tâche est de parvenir à diminuer de jour en jour la perte de forces intellectuelles qui s'écoulent obscurément par toutes les fissures de la société. Toutes ces forces perdues, si nous savions les utiliser, feraient marcher le monde tout autrement qu'il ne marche. Il faut que nous apprenions à explorer tout le domaine intellectuel pour capter les sources de ces eaux vivifiantes et puissantes qui ne servent à rien ou qui ne servent qu'à produire des dévastations, des écroulements et des déchirements du sol, quand elles s'échauffent et fument aux entrailles du monde.

Alors nous aurons en abondance tous les inventeurs qui nous manquent, toutes les facultés, toutes les intelligences, toutes les raisons progressistes qui nous font défaut, et dont l'absence nous laisse impuissants en face de tant de problèmes qui nous assiègent et nous déconcertent.

Ce champ ouvert à l'apostolat de l'instruction, aux efforts de l'initiative privée, aidée de l'initiative de l'État, aux sociétés, aux cercles et aux ligues d'enseignement, offre les perspectives les plus vastes et les plus puissamment attrayantes ; il sollicite des légions d'explorateurs qui ne manqueraient pas d'accourir, si l'on voulait considérer un moment l'importance et la beauté de la conquête.

VII

Nous prétendons que la plupart des questions ouvrières et sociales qui nous tourmentent, recevraient une solution, si l'instruction était plus répandue, si l'on parvenait à éclairer réellement la masse entière du peuple et à utiliser toutes les forces matérielles et morales qui se perdent dans les profondeurs de la nation.

C'est surtout quand on considère l'agriculture

que cette vérité se manifeste avec éclat. C'est surtout quand il s'agit d'agriculture, que nous sommes éloignés de cette « surproduction » redoutable, que certaines personnes agitent à nos yeux comme un épouvantail, et que nous devons arriver à produire, par les progrès de la science et de l'instruction, une quantité infiniment plus abondante d'aliments de toute nature, par lesquels les hommes puissent satisfaire à bon marché à tous leurs besoins.

L'agriculture est toujours la première de nos industries, elle doit rester la plus grande force vitale de la France et du monde, pour l'alimentation saine et agréable du genre humain et pour l'ornementation de la planète.

Elle a fait des progrès sensibles depuis vingt-cinq ans, elle en fait tous les jours, grâce à l'intelligence et à l'énergie de nos cultivateurs et de nos paysans, qui soutiennent une lutte admirable contre la concurrence étrangère dans les conditions les plus inégales ; mais on comprend que l'agriculture est appelée à réaliser des progrès bien supérieurs à tout ce que nous avons vu jusqu'à présent, afin de produire en abondance toutes les variétés de fruits que la terre est capable de porter, pour la paix et pour le bonheur des hommes.

La statistique nous disait, il y a quelques jours, « que les besoins du monde entier sont toujours assurés par la production de froment, avec des excédents de 35 p. 100 ». Avec tout le respect que nous professons pour la statistique, nous nous permettrons de lui demander : qu'en sait-elle et comment compte-t-elle ? Qu'appelez-vous les besoins du monde ? Comment les avez-vous calculés, en vivacité et en quantité ? Combien y a-t-il de familles et de peuples qui ne connaissent pas le blé et qui amélioreraient singulièrement leur existence si elles pouvaient se servir de toutes les formes substantielles, agréables et charmantes que l'art sait donner au blé et au pain ? Dans les pays les mieux cultivés en froment, comme la France, combien y a-t-il d'hommes qui ne mangent presque jamais de pain, et, parmi ceux qui en mangent habituellement, combien pourraient et devraient en manger davantage pour la satisfaction élémentaire de leurs plus simples besoins ? Notre statistique, évidemment, n'a pas tenu compte de tous ces problèmes, quand elle nous dit, avec sa tranquille assurance, que tous les besoins du monde sont satisfaits avec des excédents de 35 p. 100.

Nous ne craignons pas au contraire de soutenir qu'il manque au genre humain une quantité infinie de blé, que les variétés de blé actuellement connues peuvent encore être multipliées et améliorées dans des proportions auxquelles nous ne mettons pas de limites, et que l'art de se servir du blé, pour lui donner des formes comestibles et savoureuses, peut réaliser à son tour toutes sortes de progrès ingénieux. La quantité, la qualité, le perfectionnement de la culture et de la fabrication, le bon marché à réaliser, non pas seulement dans les produits grossiers, mais dans les plus délicats, voilà autant de problèmes qui sollicitent des progrès toujours nouveaux dans une civilisation de travail et de paix.

Pour effectuer ces progrès, il nous faut encore et toujours plus d'instruction, encore et toujours plus de science; nous ne cesserons de le répéter, c'est la question souveraine et fondamentale. Il faut que l'universalité du peuple, instruite dans sa masse entière, nous fournisse tous les inventeurs, les chimistes, les mécaniciens qui nous manquent; et que ceux-ci, à leur tour, trouvent de tous côtés autour d'eux des travailleurs capables d'appliquer leurs découvertes et d'en tirer le meilleur parti pour la multiplication, le perfectionnement et le bon marché des produits en tout genre.

Ce que nous disons du blé, nous pourrions le dire au centuple d'un nombre infini d'autres cultures. Les variétés de légumes et de fruits contiennent des ressources innombrables que l'homme n'a pas encore exploitées. Les plantes les plus vulgaires et les mieux connues peuvent recevoir certainement de la culture humaine des qualités, des améliorations qui n'attendent que l'aide intelligente de l'homme pour s'épanouir dans leur inépuisable richesse. Et parmi les plantes jusqu'à présent inconnues et méprisées, combien n'y a-t-il pas de trésors cachés que la science ferait éclore, si elle s'occupait d'elles, non seulement pour l'alimentation de la vie, mais pour l'enrichissement des combinaisons industrielles et artistiques et pour l'agrément de cette scène du monde, sur laquelle les générations viennent les unes après les autres jouer plus ou moins bien leur petit rôle.

La nature entière nous attend et nous appelle, toute prête à livrer à nos efforts intelligents des merveilles qui peuvent éclipser tout ce que nous avons réussi à faire jusqu'à notre époque. Les hommes n'ont vraisemblablement pas encore atteint le quart de bien-être et de douceurs qu'ils pourraient se procurer par la science et par la paix. Nous ne savons pas encore jusqu'à quel point l'art peut triompher des limites, inhérentes aux climats et aux saisons, qui ne sont infranchissables que pour l'ignorance. La terre de France pourrait produire non seulement en quantité beaucoup plus grande tout ce qu'elle produit, mais il n'y a peut-être pas une production naturelle à la surface du globe qui ne puisse, avec un peu d'habileté, s'acclimater et fructifier dans la bonne terre et sous le beau ciel de notre patrie.

Des domaines immenses restent à mettre en culture, qui ne produisent rien et qui, à eux seuls, pourraient nourrir tout un peuple. Nos côtes, nos fleuves, nos rivières nous offriraient des ressources incalculables si nous savions les exploiter et les cultiver avec des méthodes appropriées à leur nature.

Quand on compare, dans les tableaux statistiques, la diversité des terrains telle qu'elle était au commencement du siècle : terrains de qualité supérieure, terrains labourables, prés et herbages, vignes, bois, landes et terrains vagues, aux évaluations d'aujourd'hui, on ne trouve presque pas de changement; les terrains de qualité supérieure n'ont presque pas augmenté en étendue et ils ont sans doute bien peu augmenté en qualité; un certain nombre même ont pu diminuer en qualité; les terrains vagues et incultes n'ont presque pas diminué; nos conquêtes sur l'insociabilité de la terre sont d'une lenteur bien faite pour nous remplir de confusion; et cependant l'ignorance et la paresse peuvent seules se persuader que la terre s'épuise, tandis qu'elle doit au contraire s'enrichir et se féconder par ses productions mêmes, et plus elle produit, plus elle est apte à produire encore, si nous savons l'aider, la stimuler, l'aiguillonner, comme un vaste et puissant esprit ne se stérilise pas par sa production intellectuelle, mais devient au contraire toujours plus capable de produire des pensées riches, profondes et puissantes.

Non, ce n'est point la « surproduction » qui

nous étouffe; c'est au contraire le manque de production qui nous laisse aux prises avec une foule de problèmes dévorants, avec toutes sortes de sphinx et de cerbères redoutables, dont il n'y aurait plus rien à craindre, si nous pouvions jeter dans leurs gueules les gâteaux que la civilisation devrait fournir en abondance. Le banquet de la vie doit avoir des places pour tous les vivants et la nature nourricière ne demande qu'à couvrir la table de fruits et de fleurs pour tous. Plus la terre produit avec facilité et abondance, plus les hommes s'attachent à elle; alors ils ne songent pas à la déserter pour les villes. Toutes ces hypothèses doivent se réaliser par la science et par l'instruction de plus en plus largement répandue jusque dans les dernières couches du peuple, et cette instruction ne peut pas être seulement l'œuvre de l'État, elle attend l'initiative des citoyens et des associations de citoyens, qui savent déjà plus que les autres et qui s'instruisent encore davantage en partageant leur instruction avec la foule.

VIII

Lorsque l'*Office du travail* a été créé, suivant le plan proposé par le conseil supérieur, le ministre du commerce d'alors, qui avait pris l'initiative de ces institutions nouvelles, nous dit qu'elles seraient comme des observatoires d'où l'on inspecterait l'état du ciel économique, d'où l'on étudierait les phénomènes matériels et moraux qui se produisent dans le monde du travail.

Ces expressions étaient aussi justes que pittoresques. Mais il ne s'agit pas seulement d'élever des observatoires. Si l'on a des observatoires et personne à mettre dedans pour observer, on voudrait savoir à quoi les observatoires serviront.

Nous rendons très sincèrement justice au talent, aux mérites de ceux qui ont été placés aujourd'hui dans ces postes, mais on comprend bien que nous ne sommes qu'aux premiers débuts de la science d'observation et qu'il nous faut des observateurs en beaucoup plus grand nombre pour avoir chance d'en trouver parmi eux quelques-uns qui saisiront à point nommé le phénomène qui passe et s'évanouit.

Si nous ne possédons qu'un ou deux témoins clairvoyants, le regard fixé sur l'étendue du monde physique et du monde économique, des quantités innombrables de phénomènes apparaîtront et disparaîtront sans profit pour l'humanité. La nature multipliera en vain les faits : ces faits seront absolument comme s'ils n'étaient pas, puisqu'ils n'auront été vus et expliqués par personne.

Il faut semer partout les observatoires, les laboratoires, les champs d'expérience, et posséder des observateurs et des expérimentateurs en nombre considérable; alors la nature ne parlera plus inutilement, et ses leçons ne seront pas perdues. Que tous les hommes, que la masse entière des hommes devienne de plus en plus apte à voir, à regarder et à réfléchir sur ce qu'elle voit, et nous ne pouvons pas imaginer le nombre des découvertes qui surgiront de cette enquête universelle et permanente.

Nous vivons et nous mourons dans un tourbillon infini de phénomènes que nous ne voyons pas, qui nous assiègent et que nous ne sentons pas, qui nous parlent et nous crient et que nous n'entendons point!

Il faut que des siècles s'écoulent, que les générations se succèdent, semblables à des ombres vaines, pour qu'un jour, par hasard, un homme remarque un fruit tombant d'un arbre, qu'un autre considère une lanterne oscillant au bout de sa corde dans une cathédrale, et alors pour la première fois les lois du monde sont constatées, la grande lanterne de l'univers s'éclaire aux yeux de l'humanité pensante.

Quand nous aurons des milliers de témoins, quand les yeux et les oreilles seront ouverts, grâce à l'instruction répandue partout, alors nous pourrons espérer que les phénomènes de la nature ne se répéteront pas pendant des siècles et des siècles avant d'être aperçus par quelqu'un.

J'admire avec quelle application vous alignez jour et nuit vos statistiques contradictoires; d'abord vous n'avez pas su inventer jusqu'à présent une méthode commune d'annotation et vous arrivez tous à des résultats différents. Il n'y a pas deux observatoires qui soient d'accord.

Ensuite, sur quels phénomènes faites-vous porter vos statistiques?

Sur les seuls phénomènes que vous ayez remarqués; mais nous attendons la statistique d'une quantité innombrable de phénomènes que vous n'avez jamais aperçus, dont vous ne soupçonnez pas l'existence; il sont, ils doivent être prodigieusement intéressants, mais ils frappent jour et nuit à la porte de nos sens obstinément fermés!

O théâtre de la nature qui n'as point encore de spectateurs! O scène du monde éclairée en vain pour des millions d'yeux qui ne savent pas voir!

Les phénomènes n'existent qu'à la condition d'être perçus par des êtres qui pensent. La nature n'est encore qu'une vaste solitude muette et morne; c'est à nous de la faire vivre en l'observant.

IV

LE PARADOXE DES MACHINES

On a dit que les perfectionnements de la mécanique rendaient l'instruction des ouvriers chaque jour moins nécessaire. L'homme qui réfléchit en son étroit métier sent son cœur se serrer, quand il voit restreindre de plus en plus le rôle de son intelligence et de son énergie morale. Il pousse un ressort, il incline un levier, il appuie sur une pédale et le reste de l'ouvrage se fait tout seul.

Aussi l'apprentissage est-il abandonné comme inutile; les écoles professionnelles, dont nous sommes encore à chercher le type et la méthode, toujours laissées en arrière par l'évolution industrielle, nous inspirent les doutes les plus sérieux sur leur efficacité. Une femme, un simple enfant suffisent à produire les plus puissants effets. Les machines automates deviendront si parfaites et si ingénieuses, qu'elles pourront très bien n'être servies que par des infirmes, des ignorants ou des stupides, à qui l'on ne demandera que ce premier et initial mouvement qui appartient toujours à une volonté libre:

C'est là chiquenaude dont on ne peut se passer absolument, celle qui a donné le premier branle à l'univers, et qui faisait délirer Pascal et Descartes quand ils en cherchaient l'explication. La machine la plus étonnante ne supprimera jamais le coup de pouce élémentaire. Il faudra toujours appuyer sur un bouton ou tirer une ficelle. Ce geste libre constitue en quelque sorte le dernier retranchement où le pauvre être ouvrier se maintient encore contre les assauts de la mécanique envahissante.

Retranchement inexpugnable, il est vrai, car on ne conçoit pas comment la science supprimerait ce recours à une force volontaire et spontanée qui se déclenche d'elle-même. Mais si l'homme ouvrier doit en être réduit là, en dernière analyse, sa fonction apparaît d'autant plus misérable et précaire, dans la perfection accomplie de la civilisation scientifique et à l'apogée de l'industrie humaine.

Ainsi l'instruction et l'éducation, notre perpétuel souci, la suprême question, le problème des problèmes, comme nous l'avons appelée, perd continuellement de son importance; ce n'est bientôt plus qu'une amusette enfantine, une tromperie de législateurs qui se moquent du peuple!

Tout le progrès industriel consiste certainement à suppléer l'homme par des machines, à faire faire par des machines ce que l'homme faisait autrefois. Plus on mettra d'intelligence dans la combinaison des roues et des balanciers, moins on aura besoin d'en mettre dans le cerveau des travailleurs. On voit que nous ne cherchons pas à affaiblir l'objection, nous voulons au contraire lui donner toute sa force, mais dans toute sa force même elle n'est qu'une vaine apparence.

Ce paradoxe de la mécanique a induit en divers genres d'erreurs des personnes très raisonnables. On peut leur demander d'abord qui les fera, qui les montera et démontera, et qui les réparera quand elles seront dérangées, ces machines excellentes, ces mirifiques automates ?

On peut leur demander ensuite s'il est bien vrai que la fileuse qui conduit un métier de 500 broches a moins besoin d'intelligence et d'énergie morale que la fileuse au fuseau ?

Considérons les choses dans l'ensemble : si nous voulons nous procurer la quantité immense de ressorts perfectionnés qui seront de plus en plus nécessaires à l'industrie des villes et à l'industrie des campagnes, et si nous voulons obtenir en grand nombre ces inventeurs et ces expérimentateurs, par où la production sera rendue de plus en plus facile et abondante, il nous faudra, comme nous l'avons déjà dit, l'instruction largement répandue dans les dernières couches de la démocratie laborieuse, des peuples entiers instruits et formés à la pratique des méthodes expérimentales, capables de regarder et d'observer, et de réfléchir sur leurs observations.

Poètes et artistes pouvaient émerger d'une élite peu nombreuse, dans des républiques aristocratiques, servies par des esclaves, sous un ciel privilégié. Mais quand il s'agit de l'outillage économique de vastes sociétés industrielles, mues par la vapeur et l'électricité, et de l'exploitation de plus en plus savante de toutes les forces de la nature, quand on demande des inventeurs par milliers, des ouvriers habiles par centaines de mille, ce phénomène d'intelligence générale ne peut se produire que dans de grandes sociétés humaines, instruites et éclairées tout entières jusque dans leur plus intimes profondeurs.

Pour que l'Europe puisse accomplir ses destinées, il faut une Europe savante, puissamment dotée de toutes les ressources de l'instruction et de l'éducation humaine; et pour que nous ayons la production nécessaire d'esprits relativement supérieurs, il nous faut une vaste culture d'enseignement qui embrasse les nations entières. Aussi chaque peuple et chaque État s'est-il mis à creuser ce profond labour intellectuel, et, dans cette émulation générale, il n'est plus permis à personne de rester en arrière et de se désintéresser.

Il fallait ne pas commencer à instruire les peuples, ou bien il faut continuer; et quand on a été obligé de commencer, par la force des choses et par le mouvement irrésistible de l'esprit humain, on est obligé d'aller jusqu'au bout, quoi qu'il arrive. Mais il ne peut arriver que du bien, si l'instruction est un bien.

Lorsque les multitudes n'auront plus à employer que la moindre partie de leur intelligence et de leur énergie morale dans les opérations du travail manuel, elles pourront consacrer le meilleur de leurs forces vives à des occupations d'un ordre plus relevé.

Loin d'être moins nécessaire, moins utile, l'instruction le sera au contraire davantage, pour remplir les vides du travail corporel et pour donner un aliment à des esprits de plus en plus cultivés, qui ne souffriront pas le désœuvrement. Plus les hommes sauront s'affranchir de ce qu'il y a de rebutant, de pénible et de malpropre dans les parties basses des métiers, et en rejetteront le fardeau sur les machines, plus ils seront avides d'instruction et de science, de littérature et de beaux-arts, pour occuper, orner et ennoblir leur existence.

Ce que deviendra ainsi le monde, la société des hommes, politiquement, socialement, moralement et esthétiquement, nous ne le savons pas, mais il faut à toute force continuer de nous instruire et d'instruire les autres, prêcher la vérité et la justice, la science et l'art, jusqu'à la dernière extrémité, et nous ne pouvons pas faire autrement.

« Arrive que plante ! » dit le proverbe. Mais si nous plantons l'instruction, il ne peut pousser que la vérité ; malgré toutes les broussailles, les herbes folles, le mauvais grain mêlé au bon grain, la vérité poussera et fleurira, et ce sera certainement et incontestablement la vérité, quand bien même nous méconnaîtrions notre ouvrage et nous crierions que c'est l'erreur !

Il n'y a que l'esprit d'égoïsme le plus borné et le plus infatué qui puisse croire que l'instruction générale est un danger, quand il est convaincu que son instruction propre à lui-même est le plus grand des biens !

Le péril, l'erreur, la fausse économie des patrons et des chefs est de considérer toujours l'ouvrier comme le prolongement de la machine, le manche de la cognée, le bras ou la poignée du levier.

L'ouvrier-outil, l'ouvrier-machine, l'homme-instrument passif de l'homme, c'est le plus faux et le plus ignoble des calculs, puisque ce calcul perd tout ce qu'il y a de force vive et intelligente dans l'être pensant, et que cet admirable organisme, plein de spontanéité et de feu, incomparablement supérieur à l'électricité la plus subtile, cette force vivante est réduite à la passivité et à l'engourdissement.

Faire de l'homme une machine, de ce ressort animé et créateur, l'intelligence et la volonté humaine, une simple prolongation d'un morceau de bois ou d'acier, et diriger vers un tel résultat tout l'effort de la discipline et de la politique, ô comble de déraison et de stupidité économique!

C'est sans comparaison plus imbécile que si quelque mécanicien voulait exercer tout son art à réduire la locomotive au service suranné d'une diligence et si toute la science chevaline s'employait à faire d'un fin cheval de course un âne.

Le résultat serait vraiment étrange si l'ouvrier devait se rapprocher de plus en plus du rôle des machines, à mesure que les machines, se rapprochant de l'homme, deviennent vivantes et parlantes!

Au contraire, n'en doutons pas, plus nous aurons cette grande quantité de machines variées et perfectionnées qui nous est nécessaire pour produire avec abondance, plus nous aurons besoin d'un grand nombre d'hommes instruits; plus aussi nous aurons besoin que cette démocratie instruite le soit largement et complètement.

C'est par là que non seulement elle aura le moyen d'utiliser ce large superflu de temps que les machines lui laisseront, mais qu'elle sera capable de surmonter et de résoudre les difficultés temporaires que l'introduction de tout ressort nouveau amène avec elle dans le monde du travail.

Les travailleurs ne sont pas aussi parfaitement réconciliés avec les machines qu'on se le figure, et les motifs de leurs appréhensions ne sont que trop compréhensibles. Stuart Mill a pu dire que « jusqu'à présent les machines n'ont pas abrégé d'une heure le travail d'un seul être humain ». Ni abrégé, dirons-nous, ni allégé ni adouci. Les périls, les risques, les mutilations cruelles, les tueries n'ont fait que s'augmenter avec la puissance et le nombre des mécaniques. Terribles collaborateurs qui chassent de l'atelier ceux qui y ont tenu si longtemps une place honorable, et qui déchirent et massacrent ceux qui y restent encore !

Que les ouvriers considèrent avec inquiétude ces machines remplies de problèmes à l'aspect menaçant, et que parfois ils se sentent contre elles un mouvement de colère, qu'ils lèvent la main ou leurs vieux et chers outils d'autrefois, si simples, pour briser des ressorts qui empiètent de plus en plus sur l'antique activité de leur vie laborieuse, nous le comprenons ; mais il faut comprendre aussi que les maux ne viennent pas de la science, mais du manque de la science, non de la perfection des machines, mais de leur imperfection.

Nous laisserons les ateliers tout entiers à ces automates qui chassent la moitié des ouvriers et qui assassinent les autres, nous ne disputerons plus notre place à côté d'eux et au milieu de leurs fureurs, lorsque nous serons devenus un peu plus savants. Nous n'aurons presque plus besoin de les approcher, nous les surveillerons de loin et de haut et nous les ferons tourner sans effort au gré de notre volonté souveraine. Nous dompterons plus efficacement leurs mouvements irrésistibles et leurs déclenchements imprévus, lorsque nous aurons plus d'esprit; nous les briderons et les musellerons.

Au reste, chaque solution des problèmes mécaniques et chimiques est accompagnée de la formation d'une nouvelle série de problèmes tant matériels que moraux et sociaux. Les ouvriers et les patrons s'entretiendront de toutes ces choses, à leur manière et avec leur expérience propre, dans ces conseils et dans ces commissions d'études où nous les convions d'entrer; ils y trouveront, dans l'échange de leurs pensées et de leurs sentiments, diverses sortes de solutions, d'adoucissement et de tempérament que nous ne connaissons pas et que l'on ne peut pas trouver pour eux sans leur concours.

V

UNE FONCTION PARTICULIÈRE DES CONSEILS DU TRAVAIL

Parmi les motifs de grèves, déclarées avec précipitation, il en est un qui a fait souvent beaucoup de mal, c'est lorsque les ouvriers apprennent tout d'un coup en arrivant à l'atelier que les conditions de leur travail sont changées, que l'ingénieur, le directeur ou le patron a modifié tel ou tel point dans la manière habituelle de travailler, dans le règlement des heures, des sorties et des entrées, dans les dispositions du mécanisme, dans l'arrangement du milieu où le travailleur est appelé à agir.

C'est à l'occasion d'un motif de ce genre que la terrible grève de Decazeville a éclaté, il y a quelques années, marquée par un des épisodes les plus douloureux de notre histoire industrielle.

Le changement, la modification, opérée tout d'un coup, sans avertissement préalable, surprend et déconcerte les travailleurs, prend à leurs yeux l'aspect d'une violation de la règle établie. C'est un piège qu'on leur tend, un mauvais tour qu'on leur joue, une supercherie dont ils seront les victimes. Voilà ce qu'ils pensent et ce qu'ils ressentent !

Ce changement leur sera peut-être profitable ; peut-être leur vaudra-t-il prochainement une diminution de peine, une augmentation de salaire : mais ils l'ignorent et leur premier mouvement est de se méfier. Ce changement subit, qu'on n'a pas pris soin de leur expliquer, est comme un petit coup d'État, contre lequel ils se révoltent.

Ils se font les défenseurs de la règle, de l'ordre accoutumé, du principe de conservation et de stabilité dans la fabrique.

C'est leur liberté en même temps qu'ils ont la prétention de défendre, leur liberté de travail et d'allures habituelles. Ils se considèrent en quelque sorte comme les défenseurs de la Constitution, que dis-je? comme les défenseurs des Droits de l'Homme. Et ils prennent les armes contre ce coup inattendu qui les atteint dans les conditions de leur existence et dans leur conscience même : ils déclarent la guerre, c'est-à-dire la grève.

Les changements dans les procédés et dans la marche du travail sont extrêmement fréquents de nos jours, où les combinaisons de l'esprit humain et les transformations des machines se multiplient les unes par les autres. L'atelier est sans cesse en révolution ; l'organisateur du travail est obligé de s'ingénier jour et nuit à trouver de nouveaux agencements et de nouvelles méthodes.

Or, il faut bien comprendre que tout changement dans les conditions quelconques du travail est au premier moment une disgrâce pour l'ouvrier. S'il doit en résulter plus tard cette amélioration que le calculateur a conçue et cherchée, l'ouvrier ne le saura que par l'usage, et, en attendant, il est obligé de s'adapter à la nouvelle méthode, d'y plier son corps et ses facultés, et il perd dans ce travail d'adaptation, qui ne lui sera pas compté et qui ne lui rapportera rien, une partie de ses forces et de son temps.

Comme tout changement de vitesse des machines comporte une perte de force vive, dont l'évaluation a été faite par Carnot dans un théorème qui porte son nom, de la même manière tout changement dans les conditions du travail entraîne une perte sèche, un déficit certain pour le travailleur; ce déficit aura plus tard, sans doute, une compensation, il faut l'espérer, mais pour le moment l'ouvrier souffre, il est troublé et désorganisé, il est atteint matériellement dans son travail et dans son salaire, il est atteint moralement dans son esprit et dans ses susceptibilités les plus profondes.

J'ai vu dans une administration où s'opéraient des changements de bureaux, pour le bien général, un chef ordonner que le nouvel ordre, le nouveau classement se fît du soir au matin, avec une rapidité exemplaire, en sorte que le lendemain, en arrivant, employés et commis trouvaient toutes choses disposées sur un autre plan. Ils n'avaient pas été prévenus. Leur surprise, leur mécontentement furent si vifs, qu'on parut à deux doigts d'une véritable grève.

Ces impressions sont profondément humaines. elles sont parfaitement légitimes. On acquiert un certain droit de propriété sur la place où l'on a travaillé pendant des années, qui est tout empreinte de vos habitudes et de votre personnalité, sur les outils dont vous vous êtes servi longtemps, qu'ils soient plume, crayon ou marteau. Quand une main étrangère touche à tout cela, sans vous prévenir, vous souffrez et vous vous sentez en présence d'une réelle violation d'un droit.

Il faut s'expliquer entre hommes raisonnables, il faut préparer, annoncer, justifier par l'utilité générale ces modifications dans le mode du travail et dans les conditions de l'existence.

Alors tout va bien, le progrès s'accomplit, l'amélioration se fait sans grève et sans guerre; et même s'il s'agit de sacrifices, on les supporte mieux quand l'inéluctable nécessité en a été clairement démontrée.

Or c'est là l'une des parties les plus importantes du rôle qu'auront à remplir les chambres et les conseils du travail, en donnant aux patrons et aux ouvriers l'occasion de se voir et de s'expliquer fréquemment dans des entretiens familiers.

VI

LES EXPÉRIENCES ÉTRANGÈRES

Les libres conseils du travail, tels que nous les souhaitons, émanant de l'initiative des travailleurs eux-mêmes, ont marqué çà et là leur empreinte dans les temps les plus lointains de notre histoire. De nos jours, nous en voyons des exemples frappants, lorsque patrons et ouvriers cherchent à sortir par un accord raisonnable de l'état de grève et de dispute où ils retombent sans cesse.

Nos révolutions, nos éclats subits de liberté sans frein, comprimés peu après par des retours de réaction violente, ont empêché ces institutions de prendre des formes régulières et de produire des fruits durables. Il faut comprendre notre histoire telle qu'elle est et se développe, avec ses soubresauts furieux, ses exaltations et ses dépressions ; elle est, malgré tout, l'histoire la plus originale, la plus étonnante et la plus belle, dans la diversité de ses phases pathétiques, et elle nous a portés ainsi au sommet culminant de l'humanité ; brisés et meurtris, n'importe, nous n'échangerions contre aucun autre ce grand rôle moral dans la civilisation du monde.

L'histoire de l'Angleterre est profondément différente de la nôtre ; chez ce grand peuple, heureux dans la médiocrité de ses sentiments, les conseils du travail, les libres institutions de conciliation et d'arbitrage, ont pris des développements remarquables à la faveur de la continuité de la liberté.

Nous ne remonterons pas aux anciennes luttes, presque oubliées, mais féroces, d'où cette longue paix est sortie ; nous voulons nous en tenir au sujet spécial que nous avons choisi. Vers 1820, une législation régulière de l'arbitrage a commencé à être mise en pratique, assez ressemblante à nos essais législatifs de 1892, et, comme eux, elle a été impuissante, peu recherchée par les travailleurs à qui elle avait la prétention de s'adresser. Ces juges, ces arbitres désignés et nommés, ce tribunal officiel, suspect et peu compétent, n'a guère attiré à lui ni les ouvriers ni les patrons.

On a modifié et corrigé la loi à diverses reprises, de 1820 à 1846, on l'a élargie et allégée en 1872, sans plus de succès. Cette législation de l'arbitrage industriel est restée figée dans son texte; elle n'est pas entrée dans la grande vie industrielle de cette puissante nation de travailleurs et de marchands.

Mais à côté de ces vains essais, autre chose s'est développé de soi-même, avec une singulière vigueur et verdeur. Dans le sein de la liberté générale, les grandes associations ouvrières et les hardis chefs d'industrie et de commerce, aux robustes initiatives, au fier génie indépendant, qui ne connaissent pas notre article 291 du Code pénal et qui ne s'en vont pas mendier des autorisations de sociétés dans les antichambres des commis de ministère, se sont mis à organiser eux-mêmes leurs conseils et leur juridiction.

Ils ont fondé de toutes parts des conseils permanents de métiers, et même des conseils larges et complexes, divisés en sections, qui sont de véritables chambres de travail; non pas seulement des conseils d'usines et de fabriques, mais des chambres de district et de province, embrassant toutes les parties d'une vaste industrie. C'est là le résultat heureux de l'initiative et de la liberté, quand on en jouit régulièrement, sans révolutions, pendant une respectable période d'années.

Pour les exemples particuliers, nous les emprunterons à l'excellente publication de l'*Office du travail*, qui a elle-même emprunté et bien justement au petit livre si remarquable de M. Crompton, dont l'autorité est devenue classique en cette matière.

Les tisseurs de tapis avaient été parmi les premiers à se grouper et à former une société de résistance, qui avait fomenté des grèves nombreuses. En 1839, la majorité des patrons décidèrent de provoquer un rapprochement, et, comme garantie de leurs bonnes intentions, ils fixèrent un minimum de salaire pour toutes les fabriques, minimum qu'aucun patron ne pourrait abaisser sans le consentement général, sous peine d'une forte amende.

Les ouvriers ne virent pas sans défiance cet arrangement, qui ne leur parut d'abord destiné qu'à battre en brèche leur société, en faisant croire qu'elle devenait désormais inutile ; mais, les patrons n'ayant pas abaissé les salaires, la confiance revint et l'on put amener les ouvriers à nommer chaque année des délégués qui, réunis à ceux des patrons, examinaient en commun la situation du métier et fixaient les salaires pour l'année suivante.

Le comité d'enquête de la Chambre des Communes trouva, en 1857, 30 établissements environ et plus de 2,000 ouvriers acceptant les arrangements pris par cette commission arbitrale. Une seule fois, en quinze ans, les délégués ouvriers avaient exprimé leur mécontentement, et, sur leur demande, les patrons avaient consenti à une nouvelle délibération et fait des concessions qui avaient maintenu la bonne harmonie.

A la suite d'une grande grève, en 1836, les potiers de Glasgow adoptèrent aussi la pratique d'une convention annuelle pour l'établissement des salaires et y ajoutèrent la clause suivante : « S'il s'élève quelque différend sur les prix à payer en vertu de la convention, il sera soumis à un Conseil d'arbitrage composé de trois patrons et de trois ouvriers. » Dans un rapport qu'ils adressaient en 1860 à l'Association nationale pour l'avancement de la science sociale, ils déclaraient qu'ils avaient ainsi réussi à concilier 90 affaires sur 100.

Au commencement de l'année 1849, à la suite d'une grève, un Conseil d'arbitrage fut établi à Macclesfield entre les fabricants de soie et leurs tisserands. Il s'appela : « Le Conseil de l'industrie de la soie de Macclesfield » et fut composé de douze patrons et de douze tisserands, avec un président et un secrétaire qui n'avaient pas voix délibérative. Chaque fabrique y était représentée. Le conseil veillait à l'application des contrats existants et établissait les salaires pour l'avenir. Au livre des statuts se trouvait joint un tarif, qui ne contenait pas moins de 125 pages. Ce tarif était, d'ailleurs, modifié aussitôt que la fabrication de nouveaux articles l'exigeait. Les prix établis étaient regardés comme des prix minima jusqu'au jour où le Conseil les modifiait.

Le point le plus curieux de ce remarquable essai consiste, dit M. Crompton, en ce que le Conseil usait, à l'occasion, de coercition envers les patrons et les ouvriers. Ainsi l'article 9 de ses statuts disait : « Le Conseil ne pourra donner « son assistance à un patron en cas de contes- « tation entre ses ouvriers et lui, que s'il paye « les prix établis par le Conseil. » L'article 13 allait encore plus loin : « Dans le cas de viola- « tion manifeste des dispositions prises par le « Conseil, le patron et l'ouvrier en faute seront « punis d'une même amende, et leur délit sera « porté à la connaissance de tous. En cas de « récidive, l'amende sera doublée pour l'un et « l'autre délinquants. Le dénonciateur recevra « la moitié de l'amende. »

Si un manufacturier refusait de se soumettre aux pénalités édictées contre lui, il n'y avait évidemment pas d'autre alternative que de le laisser de côté ou de recourir à une grève, sinon organisée, du moins sanctionnée et appuyée par le Conseil. Ce dernier s'enquérait d'abord de la vérité des faits ; ceux-ci établis, le délinquant recevait une lettre officielle du secrétaire ; si cela ne suffisait pas, une députation de patrons et d'ouvriers allait le trouver; enfin, en cas de nouvel insuccès, le Conseil retirait formellement son appui au manufacturier coupable, ce qui revenait à laisser les ouvriers se mettre en grève. On dit même que certains patrons recueillaient des souscriptions parmi leurs tisserands pour soutenir les grévistes, tandis que d'autres observaient la neutralité, tout en donnant la libre entrée de leurs fabriques à ceux qui venaient recueillir les fonds de la grève.

Le système dura quatre années pendant lesquelles il n'y eut pas de grèves générales, bien qu'elles eussent été fréquentes auparavant, et jamais la ville ne fut plus tranquille qu'à cette époque. La dissolution eut lieu à la suite du refus de la plus importante manufacture de se soumettre au système d'amendes et de contraintes édicté par le règlement. Le Conseil ne fut pas plus tôt dissous que les grèves recommencèrent de plus belle; elles ont été nombreuses depuis lors.

L'arbitrage semble avoir été communément pratiqué dans la typographie, sous une forme ou une autre depuis longtemps. Les contestations entre patrons et ouvriers étaient souvent apaisées par des comités éphémères composés d'un petit nombre d'entre eux, lorsque, vers 1853, une commission arbitrale fut constituée. Ce n'était pas un Conseil permanent, mais une cour à réunir éventuellement. Elle se composait de trois patrons et trois compositeurs : un avocat, nommé pour un an, devait, le cas échéant, agir en qualité d'arbitre.

Le système fut abandonné à l'occasion suivante :

Les ouvriers, tout en acceptant une décision arbitrale en ce qui concernait la contestation pendante, refusèrent de reconnaître qu'elle fût applicable à tous les autres cas semblables qui pourraient surgir : les patrons soutenaient le contraire et disaient que la sentence devait faire jurisprudence comme un jugement légal. Depuis lors, il n'y a pas eu de Conseil permanent chez les imprimeurs ; mais l'*Association des typographes* a souvent conseillé aux différentes sections dont la société se compose d'avoir recours à l'arbitrage.

Les différentes associations ouvrières se mirent à insérer dans leurs statuts des clauses relatives à l'arbitrage, comme l'*Association des mineurs* d'Écosse, fondée en 1852, dont les statuts portent que, chaque fois que les ouvriers croiront nécessaire de se mettre en grève pour augmentation de salaire ou tout autre motif, le Comité de district soumettra la question à l'arbitrage.

De même, l'*Union des tailleurs* de Glasgow exige que tous les différends soient soumis, si une première entrevue avec le patron ne donne pas de résultats, à un conseil composé d'un nombre égal de patrons et d'ouvriers, dont la décision termine l'affaire, les parties étant tenues de souscrire, *à l'avance*, à l'exécution de cette décision. Cette sage pratique a mis, pendant plus de trente années, les tailleurs de Glasgow à l'abri des grèves.

On voit par ces exemples que de libres conseils de conciliation et d'arbitrage sont nés dans les industries les plus différentes, de la libre initiative des travailleurs anglais, et que, tantôt éphémères, tantôt permanents, ces conseils ont su revêtir les formes les plus nettes et les plus régulières dans leur diversité; le législateur n'aurait jamais fait aussi bien.

Ici c'est un chantier, une mine, une fabrique qui se donne son conseil du travail; là, les douze fabriques d'un district se font représenter dans une chambre par autant de patrons et d'ouvriers qui délibèrent en commun, règlent le présent et l'avenir, non seulement les difficultés pendantes, mais les tarifs de l'année.

Les patrons ont presque toujours pris les devants, ils ont proposé et organisé les premiers cette libre juridiction, qui va jusqu'à l'amende et jusqu'à la coercition pour obliger les membres rebelles à respecter les décrets de cette petite République économique qui se gouverne par ses propres lois. Ils ont pu vivre et travailler ainsi pendant des périodes de cinq, de dix, de vingt ans, à l'abri des révolutions intérieures qui sont les grèves. Puis des accidents, des conflits surviennent, plus forts que toutes les règles les mieux établies, et le conseil du travail est dissous, la juridiction est brisée et renversée. Pendant un temps plus ou moins long, on travaille tant bien que mal, au milieu d'inquiétudes et de difficultés incessantes. C'est une période d'anarchie, où ne subsiste que la loi du plus fort. Mais on reforme d'autres conseils et d'autres juridictions, quand on est las de ne vivre qu'au hasard. On rétablit sur de nouvelles bases la constitution de la fabrique et du travail, et de nouveau s'ouvre une période de paix et d'espérance; les ouvriers et les patrons retrouvent toute l'activité heureuse de leurs facultés.

C'est l'histoire ordinaire de la vie; les lois épuisées périssent, et sont remplacées par d'autres lois. Les gouvernements tombent et sont remplacés par d'autres gouvernements. Il n'est pas à croire que les Anglais puissent désormais se passer de conseils et de chambres du travail. On en a pris le goût, on en a senti les avantages, et quand, par aventure, on délaisse cette institution, on y revient bientôt avec un nouveau plaisir et une conviction raffermie. De tels principes, une fois qu'ils ont été introduits dans la société sous une forme organique et concrète, ne disparaissent plus, mais ils prennent avec le temps et les circonstances des développements dont il est impossible de marquer la limite.

II

Nous ne pouvons pas oublier l'exemple le plus célèbre, mais non peut-être le plus topique, de ces libres institutions où s'est manifesté le génie des Anglais.

Le nom de M. Mundella a été longtemps honoré et signalé dans l'industrie des deux mondes, comme celui de l'homme qui avait su porter les libres conseils de conciliation et d'arbitrage à leur plus haut degré de perfection. Le système du bonnetier de Nottingham a régné sans conteste pendant près de trente ans, — long règne que peu de gouvernements ont atteint dans notre siècle.

C'est dans la manufacture de bonneterie de M. Mundella et dans celles des autres bonnetiers de Nottingham que fut établi en 1860 le Conseil de conciliation que l'on cite comme le premier en date — bien qu'il ne le fût pas — et qui a, depuis, servi de modèle à tant d'institutions similaires. « Avant cette époque, les relations étaient extrêmement tendues entre patrons et ouvriers bonnetiers. Les émeutes sanglantes qui ont désolé le commencement de ce siècle, les meurtres, les incendies, les bris de machines avaient pris fin ; mais la haine et la défiance animaient encore les uns contre les autres les maîtres et les travailleurs.

« En temps de crise, dit M. Mundella, le manufacturier rançonnait ses ouvriers autant qu'il le pouvait, et d'autant plus, évidemment, qu'il avait moins de conscience ; et, lors des reprises, il résistait aussi longtemps que possible à la hausse des salaires, naturellement amenée par l'accroissement de la demande. Les ouvriers envoyaient alors aux diverses manufactures des délégués de leurs associations. Ici, on les mettait à la porte, les patrons ne voulant pas reconnaître l'intervention des Trades-Unions ; ailleurs, on leur répondait : « C'est bon, nous verrons ce « que feront nos voisins. »

« Après avoir été reçus de cette façon dans toutes les fabriques, il arrivait le plus souvent que les ouvriers abandonnaient le travail et faisaient une grève dont la durée ne dépendait plus que des circonstances. D'ailleurs, ils exigeaient peut-être plus qu'il n'était raisonnable de demander, plus que ne le permettait l'état des affaires. C'était alors entre le manufacturier et l'ouvrier à qui affamerait l'autre, jusqu'à ce qu'on arrivât à un compromis. »

En 1860, il y eut trois grèves dans une seule des branches de la fabrication, et l'une d'elles durait depuis onze semaines, lorsque les manufacturiers s'étant réunis pour aviser à la sauvegarde de leurs intérêts, on proposa la fermeture générale des fabriques. Heureusement, les patrons reculèrent devant les conséquences de cette mesure, qui aurait vraisemblablement mis sur le pavé une population tout entière : ils résolurent sagement d'essayer un autre moyen.

Après délibération, on rédigea un avis convoquant patrons et ouvriers à une conférence, à l'effet d'examiner si la querelle, qui reposait sur une question de salaires, ne pouvait se résoudre pacifiquement.

« Trois d'entre nous, dit M. Mundella, réunirent une douzaine de chefs d'associations ouvrières. Nous nous expliquâmes avec eux, nous leur fîmes comprendre que le système actuel était détestable, car il avait pour effet d'enlever aux patrons tous leurs profits quand la situation des affaires était prospère, et de ruiner les ouvriers en temps de crise ; que ce n'était en somme que le système de la spoliation réciproque. Certes, les ouvriers étaient pleins de préventions, et je ne pourrais vous dire à quel degré la défiance régnait entre nous. Il y eut même des manufacturiers qui nous blâmèrent, prétendant que nous les dégradions ! Malgré tout, nous persistâmes dans notre projet et nous arrivâmes à fonder ce qui fut appelé : *Un Conseil d'arbitrage et de conciliation.* »

« On convint de soumettre au Conseil toutes les questions pendantes et de le composer d'un nombre égal de patrons et d'ouvriers, chaque partie devant élire ses représentants pour un an.

« Lors de la rédaction des statuts, il fut décidé que le président serait élu par l'assemblée générale, et qu'en cas de partage, sa voix serait prépondérante. Je fus appelé à la présidence, et j'ai toujours été réélu depuis lors. J'ai donc un double vote, et deux fois ce second vote nous a mis dans l'embarras; aussi depuis quatre ans avons-nous résolu de ne plus voter du tout. Nous en sommes arrivés à nous dire : « Ne votons plus, essayons de nous « mettre d'accord, » et nous y parvenons toujours.

Le président étant toujours un manufacturier, il était évidemment convenable d'éviter qu'en cas de partage des voix, la décision appartînt à un patron. Le Conseil décida donc qu'en semblable occurrence on aurait plutôt recours à un arbitre, à désigner le cas échéant.

Les délibérations du Conseil ont lieu sans appareil aucun : chacun expose ses vues et discute celles de ses adversaires en toute liberté. Patrons et ouvriers arrivent à se convaincre aussi souvent les uns que les autres. Cela n'implique pas, bien que cela se présente très souvent, que tout le monde finisse toujours par être du même avis; mais, si l'on n'est pas convaincu, du moins consent-on à adhérer au compromis et se prête-t-on au meilleur arrangement possible, pour éviter les fatales conséquences d'un désaccord. Le Conseil fait donc de la conciliation plutôt que de l'arbitrage.

Dans la bonneterie, toute la main-d'œuvre se paye à la pièce. Or, même dans les professions où le travail se prête, par sa nature, à ce genre de rémunération, il doit être réglementé convenablement, sous peine d'engendrer des abus. Il est indispensable que les prix fixés au tarif restent invariables pendant une certaine période déterminée; ou bien, il faut admettre une règle d'après laquelle les modifications de prix se fassent lorsqu'elles sont nécessaires.

C'est ce qu'a réalisé le Conseil dirigé par M. Mundella,

en tarifant, pour un délai convenu, tous les travaux à la tâche; et ce n'a pas été une mince besogne, car les tarifs ne comprenaient pas moins de 6,000 articles. De cette manière, l'ouvrier est aussi sûr de son salaire que s'il travaillait à la journée. Il arrive que des articles ne subissent aucun changement pendant des périodes de deux ou trois ans; pour chaque modification, les parties en cause sont consultées. Le Conseil s'assemble une fois tous les trois mois, et plus souvent si l'occasion s'en présente; tout changement doit être dûment notifié à l'avance.

Le Conseil entier n'a pas à s'occuper, loin de là, de toutes les contestations qui s'élèvent : l'instruction suit une marche bien déterminée. La difficulté est soumise tout d'abord aux deux secrétaires du Conseil, qui essaient de l'aplanir; s'ils n'y réussissent pas, elle est portée devant le *Comité d'enquête*, rouage important du système.

Ce Comité d'enquête est composé de quatre membres, deux patrons et deux ouvriers; il n'a pas le pouvoir de prononcer une sentence; il ne peut résoudre le différend qu'à l'amiable et du consentement des deux parties. Enfin, si le Comité d'enquête est impuissant, le Conseil intervient lui-même.

Il est, d'ailleurs, expressément dit dans le règlement que ni le Comité, ni le Conseil n'examineront les réclamations d'ouvriers *en grève*. Pour avoir le droit de recourir à cet organisme, il faut donc commencer par *rester à l'ouvrage*.

« Le Conseil a fonctionné avec un plein succès depuis quinze ans, écrivait M. Henry Crompton en 1876. Depuis plus d'un an, le Conseil n'a pas eu à intervenir, et le vice-président, qui est ouvrier, m'écrit ce qui suit : « Nous « avons beaucoup de contestations, mais nous les apaisons « facilement. J'en ai arrangé deux cette semaine, à la « complète satisfaction des ouvriers et des patrons. J'en « ai une autre pour demain, et je ne doute pas que,

« lorsque j'aurai vu les parties, le différend ne prenne fin « sans recours au Conseil, ni même au Comité. »

« Maîtres comme travailleurs ont accepté loyalement les décisions du Conseil. Il y a bien eu des cas exceptionnels où les sentences étaient rejetées avec colère par des patrons isolés ou de petits groupes d'ouvriers; mais cela n'a pas été de longue durée. Généralement, les dissidents n'ont pas tardé à reconnaître leur erreur et à se soumettre à la décision intervenue; de sorte que leur rébellion momentanée, loin d'affaiblir l'autorité du système, en a plutôt augmenté la vigueur. *Tous les écoliers n'apprennent pas à lire en même temps.* »

Cette page nous a paru admirable; elle appartient à l'histoire du travail dans notre siècle. On y voit comment, sur l'initiative d'un fabricant, en pleine crise industrielle, ouvriers et patrons ont été convoqués à une conférence, où ils se sont rendus les uns et les autres, avec une haute idée de leur solidarité morale et économique. Ils ont délibéré en commun dans cette libre conférence, comme les représentants de deux puissances fatiguées de se faire la guerre et de se ruiner l'une l'autre. Ils ont institué d'accord un conseil permanent du travail et l'on résolut bientôt de s'abstenir même de voter, car le vote des assemblées parlementaires est plein de surprises et d'embûches, mais on réusissait par la conversation seule à aplanir les difficultés à mesure qu'elles s'élevaient.

Cette institution a duré trente années, qui furent une période de prospérité et de gloire pour l'industrie de Nottingham. L'application de la vapeur à l'art de la bonneterie est venue changer toutes les conditions de cette fabrique. Les ouvriers ont dû être répartis en plusieurs tâches différentes, payées inégalement. Les conducteurs des métiers à vapeur, aux forts salaires, ont été abandonnés par ceux qui restaient encore attachés aux métiers à la main. La nouvelle invention, introduite dans cette République du travail, en brisa la constitution trentenaire et en fit éclater la forme désormais trop étroite.

Il s'agit maintenant d'adapter une nouvelle constitution, un nouveau gouvernement à cet organisme plus complexe et plus relevé. On traverse la période inévitable d'incertitudes et d'anarchie qui accompagne toujours l'apparition d'un principe inédit. Mais on cherche comment on pourrait former de nouveaux conseils du travail, plus souples et plus savamment composés que les anciens, des chambres divisées en autant de sections qu'il y a de catégories d'ouvriers.

On trouvera ce que l'on cherche, il n'en faut pas douter. La fabrique de bonneterie à la vapeur, avec ses catégories multiples d'ouvriers, avec ses membres plus variés dans son unité plus puissante et plus productive, trouvera et produira sa constitution naturelle et nécessaire. Nous verrons se former des conseils, des chambres, des cours du travail, supérieurs aux comités anciens par le développement de l'intelligence, par l'expérience des affaires, par l'énergie morale, autant que le métier à vapeur est supérieur au métier à la main.

Remarque importante : la plupart de ces conseils du travail qui sont devenus si nombreux et si puissants en Angleterre, exigent, pour remplir leur office, qu'il n'y ait ni grève ni suspension de travail. Ils ne délibèrent pas au milieu de la guerre. Le principal objet de l'institution étant de prévenir ces ruptures violentes entre patrons et ouvriers, le conseil refuse ses lumières tant que le travail n'est pas repris. « La prescription s'applique aux deux parties ; les patrons ne peuvent pas renvoyer les ouvriers et les ouvriers ne peuvent pas quitter le travail aussi longtemps que l'affaire est en instance. »

Les ouvriers les plus actifs, les plus remuants, ceux que les patrons sont d'abord disposés à aimer le moins, font sentir combien ils sont utiles et nécessaires à ce gouvernement du travail par l'autorité qu'ils exercent sur leurs camarades. Ils sont seuls à pouvoir dominer les révoltes individuelles et les fantaisies anarchiques des plus ignorants. Tout ce système ne peut être appliqué et soutenu que si les ouvriers possèdent de larges et fortes associations, où règne une puissante raison collective, inspirée par de grands intérêts.

La liberté est la source vive de ces institutions si remarquables, qui naissent spontanément, sans loi, et qui deviennent elles-mêmes des lois politiques et sociales qui embrassent dans leur réseau le peuple industriel le plus entreprenant de la terre. Toute une organisation sociale s'est formée naturellement, qui tient jusqu'à ce jour l'Angleterre en équilibre. C'est le lest de ce grand vaisseau. La loi de l'État, la loi officielle, à laquelle on donne généralement seule ce nom sacré de loi, n'est rien ici, elle n'empêche pas, elle n'ordonne pas, elle est étrangère à cet ordre de choses, on ne la sent nulle part;

elle s'est bornée à écarter les entraves qui auraient empêché ces libres institutions de se développer et de fleurir sur le sol de l'Angleterre.

Grâce à ce régime, le travail se donne à lui-même les formules et les lois dont il a besoin, il produit des conseils et des chambres, des comités d'explication, de conciliation, d'arbitrage, des tribunaux et des jurés, qui ont l'affichage pour sanction. Ces lois et ces institutions ont d'autant plus d'autorité qu'elles sont voulues et créées directement par ceux qu'elles concernent et sur lesquels s'exerce directement leur action. C'est le gouvernement du travail par le travail lui-même.

« Dans mon opinion, écrit M. Crompton, au moins en ce qui concerne la Grande-Bretagne, et je ne parle que d'elle, la loi est impuissante. Tout ce qu'il fallait demander au Parlement a été obtenu en 1875 par le retrait des dernières lois contre les associations ouvrières. Une complète liberté est tout ce que l'on demande ici. Le système est né, s'est étendu et développé spontanément, sans le secours de l'État. Les lois faites pour aider le mouvement sont restées lettre morte. On ne s'en est pas servi une seule fois. Le caractère libre du système fait sa force, en ce qu'il ne dépend que de la volonté des gens. Tout ce qui est nécessaire est seulement une organisation parmi les ouvriers, pour que les décisions du Conseil de conciliation et ensuite de l'arbitre puissent être loyalement reconnues par tous.

« ..... Il y a quelques années, ajoute le sage arbitre des fabriques de dentelles de Nottingham, je fus très frappé de la plainte faite devant moi par les patrons, que les chefs des ouvriers n'avaient pas été assez actifs pour faire entrer tous les ouvriers du métier dans l'Union. Les patrons n'avaient pas seulement accepté l'Union comme une institution régulière, mais ils voyaient combien c'était un organe essentiel, d'un côté comme de l'autre, pour le règlement pacifique de tant de questions difficiles et irritantes. Dans notre pays, l'arbitrage obligatoire ne peut jamais réussir..... Il conduirait à forcer le travail, et je maintiens que tout le progrès de l'Europe a consisté à rendre le travail libre. Un pas dans la direction de l'obligation serait réellement rétrograde, même s'il devait en résulter des avantages temporaires..... »

Ce que M. Crompton dit de son pays convient de plus en plus à tous les autres ; une organisation industrielle, née des besoins du temps, commence à s'étendre à la plus grande partie du monde civilisé ; les gouvernements et les lois n'y ont aucune part, cette organisation spontanée se développe en dehors d'eux, au-dessus et au-dessous, et, quand on s'efforce de l'empêcher et de la contrecarrer par des mesures législatives, elle paraît ne marcher que plus vite et d'une allure de combat. C'est un système nouveau qui s'empare du monde, qui change tous les rapports des hommes entre eux et avec l'État et changera les rapports des États les uns avec les autres.

III

Le conseil de conciliation de Londres est le plus grand spécimen, connu jusqu'alors, de cette organisation sociale et politique qui se forme dans le sein de la liberté, par le besoin des mœurs et du temps, et sous les coups pressés de la lutte où s'entre-choquent les divers éléments du travail.

Chaque pas, chaque nouvelle acquisition de cet organisme spontané se fait à l'occasion, à la faveur et à la suite d'une bataille furieuse. Tout épisode nouveau de la lutte quotidienne sert à consolider une maille du réseau des institutions nécessaires à notre société industrielle et démocratique.

Le phénomène suit la même marche en France et en Belgique, et généralement dans toute l'étendue du domaine industriel de notre univers. Une nouvelle combinaison, un agencement nouveau de ressorts et de rouages, la nouvelle division du travail qui en résulte, le dérangement dans l'ordre ancien du chantier ou de la fabrique, provoqué par de nouvelles applications de la vapeur et de l'électricité, ou bien encore le mouvement d'un esprit ouvrier qui se porte vers un idéal entrevu de liberté et d'aisance, ont été les premiers ferments de la recrudescence d'une lutte sourde qui ne cesse jamais.

Dans ce milieu relativement tranquille et ordonné, où tout se passait d'après l'ancien plan, une nouvelle molécule est introduite, matérielle ou morale. Aussitôt tout fermente et se remue ;

tout fume et s'exalte. L'équilibre défait doit se refaire d'une manière ou d'une autre. La guerre latente s'est rallumée. La confusion des éléments qui s'entre-choquent et se pénètrent les uns les autres produira un nouvel ordre, un nouveau plan de vie.

Sans doute, il y a des épisodes partiels de cette grande lutte qui avortent, qui meurent sans avoir rien donné. On compte les sacrifices inutiles et les peines perdues, relativement perdues, et dont ne peuvent se consoler ceux qui en ont souffert. Les peines que l'on dit perdues, le sont-elles pourtant et ne forment-elles point la trame et l'aliment de la lutte dans son ensemble, d'où sortira la nouvelle architecture du monde moral? Rien ne se perd dans la nature. Tout sert à alimenter et à vivifier le tout. Le plus humble effort moral, une larme qui tombe de la paupière du travailleur vaincu, ne se perd pas plus que toute autre molécule. Le poète a dit que de cette larme la nature formait un diamant, une fleur, une étoile; c'est bien possible. Ce qui est sûr, c'est que rien n'est perdu pour celui qui sait tout voir et tout comprendre. La grande victoire ne se compose que d'un nombre infini de défaites et la grande vie ne s'alimente que d'une quantité innombrable de petites morts.

L'immense fermentation de ce siècle produira certainement une nouvelle organisation du monde, qui se fait chaque jour sous nos yeux peu clairvoyants et incrédules. Et dans cette immense fermentation, toute partie de phénomène, heureuse ou malheureuse, sert à quelque chose.

Chacun des plus faibles épisodes de la bataille éternelle se termine par un nouveau développement de l'organisation générale qui se solidifie et s'élève, qui s'assimile tous les changements, toutes les nouveautés et toutes les résistances pour en composer sa forme supérieure, sa figure et sa vie.

Quand M. Crompton écrivait son petit livre, si simple et si fort, en 1876, il souhaitait de voir s'organiser un conseil de conciliation pour l'ensemble des métiers de la métropole : la grande grève des travailleurs des Docks de Londres, aux mois d'août et de septembre 1889, en fut l'occasion; cette grève a inspiré l'idée de former ce grand conseil de conciliation, qui comprend les douze industries les plus puissantes de l'univers.

La Chambre de commerce de Londres a pris l'initiative de convoquer les patrons et les ouvriers pour jeter en commun les bases de l'institution nouvelle. M. Boulton, président de cette Chambre, s'est exprimé à ce sujet avec une énergie et une droiture qui n'appartiennent qu'à un homme du plus haut jugement et tout pénétré de son sujet.

« Jusqu'alors, dit-il, nous n'avions pas accordé d'attention spéciale à ces luttes ; il a fallu une expérience récente pour remettre en évidence ce fait bien connu que, de toutes les négociations variées qui affectent les intérêts du commerce, il n'y en a pas qui aient une importance plus grande que les conventions entre le capital et le travail, conventions qui, nécessairement, doivent être de temps en temps renouvelées et modifiées. Le degré auquel ont été directement atteints les intérêts des 3,000 membres ou sociétés adhérentes à la Chambre de commerce de Londres par la grève des travailleurs des Docks, et la quantité de grèves et de lock-outs qui suivirent, ont attiré de la manière la plus vive l'attention du Conseil de cette Chambre.

« Sans exprimer d'opinion sur la légitimité des prétentions dans le conflit survenu entre les ouvriers et les directeurs des Docks, on peut remarquer que la grève a passé des Docks à d'autres industries. Un trait remarquable, dans cette espèce de guerre civile, fut de voir que nombre de patrons qui n'avaient aucun dissentiment avec leurs ouvriers, ou qui avaient consenti à toutes leurs demandes, furent aussi sévèrement punis que ceux qui avaient résisté.

« Dans les processions journalières des grévistes, on voyait sur leurs bannières des inscriptions indiquant que ceux qui les portaient n'avaient aucun grief contre leurs patrons, mais qu'ils faisaient grève *pour le principe*. La position du simple commerçant devint aussi difficile que celle du fabricant qui emploie directement les ouvriers : il ne pouvait pas remplir ses engagements, attendu qu'il ne pouvait faire venir de marchandises, ni des docks et entrepôts, ni des navires. Les ordres furent retirés, les commandes portées ailleurs, et les vaisseaux se dirigèrent vers d'autres ports, d'aucuns même dans d'autres pays.

« La paralysie du commerce général fut portée à un point qu'à peine aurait-elle pu être plus grande si une flotte ennemie avait pris possession de l'embouchure de la Tamise.

« Le Conseil de la Chambre de commerce fut accablé de remontrances et de suggestions et sollicité d'agir pour arrêter une calamité dont les conséquences s'étendaient si loin. Dès le commencement du conflit, il envoya aux directeurs des Docks et à l'Union des ouvriers une communication en termes identiques pour leur proposer de recourir à un procédé quelconque d'arbitrage. Des deux côtés, cette proposition fut accueillie par un refus poli et, sauf dans ce cas, la Chambre n'est jamais intervenue ni n'a proposé d'intervention à moins d'en avoir reçu la demande directe et formelle d'une ou des deux parties immédiatement en jeu.

« Après le règlement de la grève des Docks par l'intervention du cardinal Manning et du Comité de Mansion-House, le Conseil de la Chambre de commerce de Londres nomma un comité pour étudier à fond la question de l'arbitrage et de la conciliation, avec mandat de déposer un rapport sur la question et de préparer, s'il y avait lieu, un projet pour le meilleur règlement des différends du travail dans la capitale.

« Le Comité comptait au nombre de ses membres le cardinal Manning, sir Henry Isaacs (lord-maire), sir James Whitehead (ancien lord-maire), sir John Lubbock, membre du Parlement, sir Albert Rollitt, membre du Parlement, sir Vincent Kennett-Barrington, M. Causton, membre du Parlement, M. Samuel Montagu, membre du Parlement, M. Arnold-Forster, M. Carbett, M. Boulton, président de la Chambre de commerce, et M. Henric Murray.

« Le Comité conclut, à l'unanimité, qu'il était désirable d'établir à Londres quelque organe de conciliation, d'après les principes de la liberté. En outre, il parut évident que Londres, avec sa vaste population, le nombre exceptionnel de ses industries (600 à 700) et la dépendance de ces industries les unes vis-à-vis des autres, demandait une organisation spéciale, appropriée à sa situation unique.

« Nous comprîmes, ajoute M. Boulton, qu'il serait aussi imprudent que futile de lancer un projet relatif à un problème si complexe avant d'avoir fait la plus soigneuse enquête et d'avoir provoqué les avis de ceux dont la coopération nous serait indispensable.

« De nombreuses entrevues personnelles et une volumineuse correspondance avec les principaux chefs ouvriers, avec toutes les autorités dans les questions du travail, avec toutes les Trade-Unions de Londres et avec les chefs des grandes industries de la capitale, nous assurèrent de la sympathie générale en faveur de nos propositions.

« Enfin, notre projet, soumis à l'approbation du Conseil, fut adopté par lui à l'unanimité, ainsi que par une réunion générale de la Chambre de commerce. »

Voici les grandes lignes de ce projet :

« Chaque métier de Londres est invité à former un comité corporatif de conciliation, en rapport avec la Chambre de commerce, dont les *locaux* et le *secrétariat* sont mis à sa disposition. Avoir un terrain neutre pour y tenir les réunions est d'une grande importance pratique. Chaque comité est entièrement composé d'hommes experts dans le métier; les patrons et les ouvriers sont élus, en nombre égal, par leurs pairs, avec la plus grande liberté dans le choix et dans les procédés d'élection.

« C'est devant ce comité que sont portés les litiges de chaque métier, pourvu que les deux parties y consentent.

« Comme la plupart des différends de quelque importance affectent la corporation tout entière, on aura ainsi le moyen de discuter chaque grief, de le régler à l'amiable et de proposer les changements dans les conditions du travail avant que la crise n'aboutisse à la grève ou au lock-out.

« Voilà le principal objectif du projet, et l'on espère que ces comités corporatifs de conciliation rendront l'important service de régler pacifiquement la plupart des questions qu'on leur soumettra, sans aucune intervention étrangère, quelle qu'elle soit.

« Cependant il faut prévoir les cas où le Comité corporatif de conciliation échouera ; et, pour ces cas et d'autres encore, une seconde organisation s'ajoute à la première. Un Conseil central, appelé le *Conseil de conciliation de Londres*, est formé. Il est composé de douze représentants du capital, choisis par le Conseil de la Chambre de commerce, et de douze représentants des sociétés ouvrières. Il est adjoint à ce Conseil quelques membres d'*office*, en raison des emplois importants qu'ils occupent ou des travaux par lesquels ils ont pu se signaler.

« Ce Conseil de conciliation examine toutes les affaires que les comités corporatifs n'ont pu concilier; et il n'y a rien d'illogique à prévoir qu'une corporation qui aura refusé obstinément le règlement d'un différend devant son comité spécial, acceptera souvent de discuter devant les représentants autorisés de toutes les industries de la capitale.

« Enfin, si les efforts de conciliation du Conseil lui-même restent impuissants, il recommandera le recours à l'arbitrage en dernier ressort, et il offrira ses bons offices pour le réaliser.

« Si ces offres sont repoussées, les parties n'auront rien perdu de leurs droits pour se mettre en état de guerre.

« On voit que, dans ce projet, le recours à la conciliation et à l'arbitrage est toujours volontaire. Les conditions en sont assez élastiques pour permettre à chaque industrie de participer à cette organisation, tout en la laissant libre d'adopter les règles spéciales qui peuvent lui convenir. »

Les statuts une fois adoptés par la Chambre de commerce et par un certain nombre de Trade-Unions, il restait à déterminer le mode d'élection des douze représentants ouvriers. Une réunion de délégués des sociétés ouvrières eut lieu, le 16 avril 1890, pour prendre une résolution à ce sujet. Divers systèmes furent proposés... L'accomplissement de toutes les formalités exigea près de six mois : ce fut seulement le 12 décembre 1890 que le Conseil de conciliation eut sa constitution complète.

Si l'on objecte que ce grand conseil du travail ne durera pas et que déjà il est sur son déclin, nous répéterons ce que nous avons dit au sujet des autres institutions semblables ; le conseil de conciliation de Londres partage le sort de toutes les institutions humaines; il aura ses succès et ses revers, ses vicissitudes, ses transformations; mais il est l'un des plus beaux exemples de l'initiative d'un grand peuple industriel et marchand, et il ne disparaîtra que pour renaître sous d'autres formes et avec des développements nouveaux. Pendant plusieurs années consécutives il a rempli heureusement la fonction qu'il s'est donnée, il a maintes fois apaisé les conflits, empêché les grèves, défendu utilement les intérêts des travailleurs; il a fait rentrer dans les ateliers des ouvriers qui en avaient été exclus avec trop de précipitation. Sa prudence est extrême, et néanmoins il a par son énergie imposé ses verdicts à de puissants patronats qui avaient d'abord pris le parti de la résistance. Il a rendu de véritables jugements, contenant une clause qui prescrivait de soumettre à son appréciation tous les conflits qui pourraient s'élever par la suite dans ces mêmes industries, et, comme ce tribunal était une création spontanée de l'initiative des parties, elles acceptaient volontiers de lui ce qu'elles auraient refusé avec obstination de tout tribunal d'État.

On voit par là jusqu'où pourraient se porter

l'influence et l'autorité de ces libres conseils à mesure que se développera l'éducation de la liberté. L'opinion publique leur prêtera des sanctions de plus en plus efficaces en même temps que leurs verdicts deviendront de plus en plus sûrs et éclairés.

Les Chambres de commerce de Manchester, de Bradford, de Leicester et de Leeds, de Liverpool, de dix autres centres industriels ont suivi l'exemple de la Chambre de commerce de Londres.

Combien nos commerçants et les chefs de nos grandes industries sont encore loin d'avoir atteint ce degré d'initiative, nous osons à peine le dire, et cependant cette faculté d'invention et d'entreprise, qui leur fait si sensiblement défaut en cet ordre de choses, leur manque probablement dans les autres; et c'est ainsi qu'ils se font rouler et écraser par leurs concurrents sur le marché de l'univers, et que notre industrie et notre commerce affectent un tempérament débile, en face de l'étonnante vigueur de nos voisins.

IV

Dans la grande variété des conseils du travail que nous présente l'Angleterre, nous en prendrons encore un, qui date de cette année même; il se fait remarquer, comme les précédents, par la diversité des intérêts et des facultés qu'il a su réunir en une action commune. La Fédération des ouvriers teinturiers et le Syndicat général des hommes de peine et des travailleurs du gaz ont conclu, à la suite de négociations qui ont duré six mois, un accord avec l'Association des maîtres teinturiers du West-Yorkshire.

D'après cet accord, dit une note parue dans le *Bulletin de l'Office du travail*, il est institué un *Comité mixte des salaires*, composé d'un nombre égal de patrons et d'ouvriers, et chargé d'établir : 1° pour le district de Bradford; 2° pour ceux de Leeds et d'Halifax; 3° pour les districts ruraux, un tarif minimum à l'usage des patrons, ayant pour base les salaires payés actuellement et considérés aussi comme un minimum. Le Comité prendra, en outre, des mesures pour assurer l'exécution de ses décisions; il étudiera les conditions du travail, statuera sur les modifications à apporter dans les séries de prix, jugera enfin tous les différends qui surgiront entre patrons et ouvriers au sujet de l'embauchage ou du renvoi des ouvriers.

Les variations de 10 p. 100 en plus ou en moins du tarif des travaux de teinture entraîneront une augmentation ou une réduction de 5 p. 100 sur les salaires; il est toutefois entendu que le taux actuel ne sera pas réduit tant que la convention sera en vigueur. Elle a été faite pour une année qui, en réalité, peut être considérée comme une année d'essai.

Tout patron qui, dans un an, payera encore des salaires inférieurs au minimum indiqué, sera tenu, sur la demande des membres ouvriers du Comité mixte des salaires, de soumettre ses livres à des comptables choisis par le Comité. Ceux-ci vérifieront si la maison fait plus de 5 p. 100 de bénéfice; si oui, le patron devra élever le taux des salaires.

Quant aux maisons exploitant plusieurs branches de l'industrie de la teinture, elles pourront faire considérer chaque spécialité comme une entreprise distincte, à condition d'avoir préalablement averti le Comité mixte de cette subdivision.

Des règles nouvelles ont été convenues pour l'embauchage. Les membres des deux syndicats ouvriers (qui sont des syndicats régionaux) s'engagent à ne travailler que pour les membres de l'Association des maîtres teinturiers, à moins d'y avoir été autorisés par le Comité mixte. Les patrons, de leur côté, s'astreignent à n'employer à l'avenir que des ouvriers syndiqués, à part les contremaîtres, les femmes et les enfants au-dessous de seize ans, à moins que les syndicats ne puissent leur fournir tout le personnel nécessaire et convenable.

L'adhésion au syndicat reste facultative pour les contremaîtres, les femmes et les enfants, ainsi que pour les ouvriers actuellement employés, mais les patrons prennent l'engagement d'afficher dans tous leurs ateliers un avis invitant tout leur personnel à porter son adhésion à l'une ou l'autre des deux associations ouvrières citées plus haut.

L'embauchage des nouveaux ouvriers se fera dorénavant par l'entremise de leur syndicat. Les patrons conservent bien le droit de refuser les ouvriers qui leur seront ainsi adressés, mais ils devront donner les motifs de leur refus devant le Comité mixte. De même, le syndicat qui repousserait l'adhésion d'un ouvrier devra aussi en donner la raison devant ce même Comité.

La convention, signée le 4 octobre, est entrée immédiatement en vigueur. Soixante pour cent des patrons engagés dans l'industrie de la teinture ont donné leur adhésion.

C'est là encore un conseil du travail, bien remarquable par la flexibilité et l'envergure de ses formes, autant que par la fermeté et la hardiesse de ses conceptions. Il embrasse deux ou trois districts et trois ou quatre métiers, à la ville et aux champs. Il règle les salaires, il juge les différends, il impose sa juridiction aux patrons comme aux ouvriers. Non seulement les patrons ne font pas la guerre aux syndicats, mais ils invitent tous leurs ouvriers à en faire partie.

Quand ils ont des syndicats devant eux, les patrons savent à qui ils ont affaire, avec qui ils négocient et ils concluent ; tandis qu'ils ne sont jamais sûrs de rien, quand ils n'ont devant eux qu'une poussière d'hommes, flottant à tous les caprices, travaillés par tous lès soupçons. Voilà le travail organisé pour un an au moins, on peut former des projets d'avenir, préparer la campagne suivante. Si l'expérience faite révèle des défauts, on s'attachera à les réparer ; on recommencera une autre expérience l'année prochaine dans des conditions meilleures. C'est ainsi que s'avancent des hommes intelligents qui ont le don de s'adapter aux besoins de leur siècle, qui savent triompher chaque jour des difficultés matérielles et morales, inséparables du travail humain, et vraiment dignes d'exercer la maîtrise dans l'empire de l'industrie du monde !

V

Nous avons vu jusqu'ici des conseils du travail, des conventions industrielles, embrassant soit une industrie localisée dans une région, soit une industrie éparpillée dans une vaste contrée, soit plusieurs industries.

Nous voulons citer un accord particulier, conclu dans un but déterminé, entre les chefs et les travailleurs d'une certaine entreprise.

Il s'agit d'une usine d'ingénieurs-constructeurs, les *Salford Iron Works* près de Manchester, qui ont à leur tête MM. Mather et Platt. Ces ateliers emploient environ 1 200 ouvriers, dessinateurs, monteurs, ajusteurs, chauffeurs, électriciens. Ils fournissent des machines pour les filatures et les tissages, ils construisent des appareils électriques et les derniers perfectionnements de l'industrie contemporaine.

MM. Mather et Platt sont sans doute de ces hommes intelligents et courageux qui ouvrent les chemins du progrès, qui ont l'horreur et le dégoût de piétiner dans les ornières et de se traîner dans la routine. Ils sont assurément possédés d'une ardente passion de développer leur industrie et d'enrichir leur maison, et ils savent que la richesse humaine, en fin de compte, ne peut se maintenir et s'accroître que par la continuité du progrès économique sous toutes les formes.

Ce sont ces hommes-là ou cette race d'hommes, tourmentés jour et nuit par le génie du progrès, et qui ont le cœur muni d'une triple cuirasse d'airain, suivant l'expression du poète antique, qui posséderont de plus en plus l'hégémonie, qui acquerront l'influence et la richesse industrielles, tandis que les autres, les routiniers, les hésitants, les retardataires sont destinés à végéter et à perdre peu à peu ce que leurs ancêtres avaient acquis par un incessant labeur.

Donc, M. Mather, ayant étudié avec le plus grand soin tous les éléments du problème qu'il se proposait de résoudre, réunit un jour ses ouvriers et leur expose son nouveau plan de travail. Il veut organiser un essai loyal de huit heures de travail par jour, ou plus exactement de quarante-huit heures de travail par semaine, au lieu de cinquante-trois heures, sans diminuer les salaires ni la production.

On était à la fin de 1892 : l'expérience devait durer un an, sans modification nouvelle. Les patrons tentaient l'expérience à leurs risques et périls; s'il y avait perte, c'était à eux de la supporter. Les ouvriers s'engageaient à ne réclamer aucun autre régime de travail l'année durant.

De part et d'autre, il fallait faire l'expérience consciencieusement, sincèrement, avec la ferme volonté de la mener à bien. « L'exactitude plus grande et l'application plus intense devaient compenser mathématiquement la diminution des heures. »

Les ouvriers et les patrons se comprirent, l'accord fut conclu, chacun se mit loyalement à l'exécution du plan concerté : l'année 1893 s'écoula ainsi dans cet effort admirable de travail et de méthode ; point de grève, point de disputes ; et, l'année écoulée, quand on en dressa le bilan, la victoire économique apparut, juste récompense de cette solidarité ouvrière.

Qu'est-ce que cela, si ce n'est une application libre et spontanée du principe des *Conseils du travail ?*

Un patron éclairé et progressiste conçoit, étudie, élabore un plan nouveau : il assemble ses ouvriers, les consulte, leur propose ce plan nouveau, ceux-ci le comprennent, l'acceptent, se dévouent à en faire l'essai loyal. N'est-ce pas un exemple de ces conseils mixtes d'ouvriers et de patrons, où les uns et les autres s'entendent pour le meilleur emploi du temps et des forces et pour l'application la plus productive d'une volontaire et mutuelle discipline ?

Tout est là : s'entendre ou ne pas s'entendre, c'est le *to be or not to be* de l'industrie contemporaine. On finira bien par le comprendre partout lorsqu'on verra les ateliers, où les ouvriers et les patrons règlent d'un commun accord les questions de travail, l'emporter en production et en richesse, en toutes sortes de résultats heureux, sur les ateliers livrés à l'anarchie économique.

Il n'est pas une question de discipline, d'heures, de salaires, d'organisation du travail, qui ne puisse être étudiée et résolue avantageusement dans ces réunions que les ouvriers et les patrons tiennent ensemble pour se communiquer leurs idées, leurs observations et leur expérience respective.

Cette manière de vivre et de travailler dans l'atelier, dans la mine, dans l'usine, dans la fabrique est supérieure à la manière ancienne, autant que l'ordre est supérieur à l'anarchie et la conscience, à l'inconscience. On dira un jour que les ateliers où règnent ces conseils d'ouvriers et de patrons, cette collaboration intellectuelle et morale, sont les seuls ateliers policés, et que les autres ne sont que des ateliers barbares. Les uns seront des modèles de science, de production, de richesse, les autres ne seront plus que des ateliers misérables, livrés à l'incurie et à l'ignorance.

Et il pourra se faire que le législateur et la police recherchent et poursuivent un jour ces ateliers retardataires, qui s'obstineront dans l'anarchie économique, et leur déclarent une guerre sans merci, comme la loi déclare la guerre à toutes les autres causes de perturbation sociale.

Mais il nous faut revenir à l'expérience de Salford; l'année était mauvaise, l'industrie se trouvait dans les conditions les plus défavorables. Le monde entier souffrait d'une dépression générale et, en Angleterre, la grande grève des mineurs du centre avait encore multiplié les difficultés et augmenté les prix de revient. Cependant, aux ateliers de Salford, la production en quantité devint plus grande que les années précédentes et, bien que les prix de vente eussent baissé, la proportion du taux des salaires augmenta de 0,4 p. 100.

M. Mather s'exprime ainsi dans un remarquable rapport que nous voudrions citer tout entier :

« En tenant compte de l'économie sur l'éclairage, sur l'usure des machines, le combustible, etc., et même en faisant entrer en ligne de compte l'augmentation des charges fixes (intérêt de l'outillage, impôts, etc., etc.), nos livres prouvent que la diminution des heures de travail a entraîné une économie de 0,4 p. 100, qui compense exactement la perte de 0,4 p. 100 due à l'augmentation du coût des salaires. »

Dans ce système, l'éclairage, le combustible, les machines ne fonctionnent plus à perte, la meule du travail humain ne tourne plus *à vide* une minute; et de même les hommes ne perdent plus leur temps. Pour la première fois ils apprennent le prix du temps, ils savent ce que valent les heures et ils en sentent la fuite précipitée, — science immense, que les hommes les plus sages possèdent à peine de nos jours et qui contient toute la science de la vie!

Connaître le prix du temps, savoir mesurer le temps, si les ouvriers ne retiraient que cela de la réforme en question, ce serait un perfectionnement d'éducation admirable.

Sur la proportion ordinaire de *temps perdu*,

dit M. Mather, l'économie a été des plus importantes. Dans le système des cinquante-trois heures, cette proportion de temps perdu a été jusqu'à 2,46 p. 100. Dans le système des quarante-huit heures, elle a été à peine de 0,46 p. 100.

« Il n'y a pas de doute que les résultats obtenus aux ateliers de Salford, confirmés du reste par ceux qu'on a observés ailleurs, démontrent que ces deux premières heures de travail du matin, avant le premier déjeuner, ne valent pas la peine et le dérangement qu'elles causent aussi bien aux patrons qu'aux ouvriers... Non seulement ces deux heures sont à peu près nulles au point de vue du travail effectué, mais leur effet sur la condition physique et mentale des hommes est de diminuer la vigueur, l'entrain et la gaieté qui doivent prévaloir pendant la journée de travail, si l'on veut que celui-ci ait toute son efficacité. »

On pourrait penser peut-être que les ouvriers, pour arriver en moins de temps au résultat désiré, se sont livrés à un surmenage excessif, ce serait une erreur.

Il semblait au contraire, dit M. Mather, que nous travaillions en harmonie avec une loi naturelle. L'amélioration apportée à la vie de famille doit y être pour quelque chose. Chaque ouvrier peut maintenant jouir un peu des siens avant de partir pour son travail. Cela lui donne un bon *départ* qui se répercute sur toute la journée.

Cette amélioration apportée aux mœurs de la

famille, ces moments précieux passés entre la femme et les enfants et ce contentement de cœur de l'artisan, qui s'en va ensuite à un travail réglé et bien compris, tout cela fait un système de vie matérielle et morale, où il semble que nous voyons seulement la civilisation commencer.

Qui doute que ce soit une image encore bien incomplète de la civilisation de l'avenir?

Cette observation nous paraît plus importante que l'expérience elle-même du travail des huit heures, quelque importante et heureuse que cette expérience ait été dans la circonstance que nous signalons.

L'intimité des patrons et des ouvriers, considérés comme les collaborateurs d'une même œuvre, doit être la source de tous les progrès et de toutes les réformes possibles dans l'industrie de notre temps.

VI

Il faudrait maintenant passer en revue, si l'on voulait compléter le tableau du progrès de ces institutions dans le monde, ce qui s'est fait aux

États-Unis, au Canada, en Australie, sous l'inspiration anglaise, puis en Allemagne, en Suisse, en Belgique. Nous renverrons aux ouvrages spéciaux et particulièrement à la bibliothèque de notre *Office du travail*, les lecteurs qui désireraient approfondir tous les détails de ces organisations si variées et si mobiles; nous leur présenterons en même temps une observation qui pourra éclairer leur lecture.

Ils verront que presque toujours ces conseils et ces chambres sont désignés sous le nom de « Conseils de conciliation et d'arbitrage », de « Chambres de conciliation et d'arbitrage », et c'est en effet la définition formelle qui leur convient, le rôle exclusif qu'elles se sont généralement assigné. Mais les conseils du travail, tels que nous les comprenons, vont fort au delà de cette limite, et, s'ils ne manquent pas de faire de la conciliation et de l'arbitrage au besoin, ils portent leur examen et leurs études sur toutes les choses du travail, ils rendent souvent la conciliation inutile et l'arbitrage superflu.

On remarquera aussi, en parcourant ces ouvrages excellents, à tant de titres, et si riches de matériaux précieux, que les conseils ou les chambres de conciliation et d'arbitrage institués par la loi n'ont pas été distingués des conseils et des chambres créés par l'initiative des ouvriers et des patrons; ce sont là des institutions essentiellement différentes, d'un esprit et d'un caractère divergents.

Les États de Massachusetts et de New-York possèdent depuis 1886 des conseils officiels et permanents d'arbitrage, dont la procédure a été réglée avec beaucoup de soin par plusieurs lois successives. La Belgique a, depuis le 16 avril 1887, une loi qui institue des « Conseils de l'industrie et du travail », composés de sections qui s'élèvent à Bruxelles jusqu'au nombre de vingt et un, véritables chambres où toutes les catégories sont censées réunies et représentées. Mais il est vrai de dire que jusqu'à la présente année, aucun de ces conseils ou de ces chambres n'a fonctionné dans son plein développement et que c'est à peine si une ou deux sections se sont réunies dans de rares circonstances.

Quel que soit l'avenir de ces chambres de travail, de ces comités permanents de conciliation et d'arbitrage, créés de toutes pièces par les États, des deux côtés de l'Océan, ce n'est point là, à proprement parler, le type que nous recherchons et que nous essayons d'éclairer dans cette étude. Nous avons admiré, en Angleterre, des modèles qui, tantôt très simples et tantôt très complexes, proclament bien haut la puissance d'initiative du peuple anglais. Ce sont aussi de telles créations spontanées, émanant des besoins de l'industrie moderne, et, en quelque sorte, des entrailles du travail lui-même, que nous voudrions faire voir en Amérique, en Pensylvanie, dans l'Ohio, dans le New-Jersey et en Belgique, où de puissants industriels ont organisé sans attendre la loi, des conseils qui ont exercé la plus heureuse influence.

M. Julien Weiler a attaché son nom à la création « des Conseils de conciliation et d'arbitrage » des mines de Mariemont et de Bascoup. Un maître de verreries, M. Eugène Beaudoin, avait vu son usine et sa maison détruites et brûlées par la grève en 1886 : sur les ruines fumantes, ce vaillant homme a fondé un conseil de conciliation ; il n'a plus connu, depuis cette époque, les horreurs de la guerre industrielle.

Voilà les modèles que nous donnent les peuples étrangers, mais arrivons à la France et nous verrons peut-être que ces modèles sont venus de chez nous.

Nous avons montré dans un précédent chapitre que les Conseils de prud'hommes, conseils mixtes de patrons et d'ouvriers, étaient certainement originaires de France et que de véritables conseils d'arbitrage avaient fonctionné au XVIIIe siècle, dans certaines de nos campagnes; nous essaierons de remonter plus haut.

VII

LES ORIGINES

Il n'est pas impossible de découvrir les traces de communs conseils entre patrons et ouvriers bien avant la Révolution française, jusque dans les xive et xiiie siècles, et encore plus loin dans notre histoire.

Le livre d'Étienne Boilcau, « mout preudomme, bon justicier et droicturier », suivant les belles et fortes expressions de ce temps, marque sans nul doute une révolution importante dans le régime corporatif. Ce code des lois ouvrières du moyen âge, rassemblé sans ordre, au jour la journée, par l'un des hommes de confiance de Louis IX, fut pendant cinq siècles la loi du travail. Il a bien mérité son vrai nom si expressif d' « d'établissements des métiers de Paris », comme on dit aussi « les établissements de saint

Louis » ; par où il faut comprendre consolidation et régularisation des coutumes sous une autorité unique.

Avant cette époque quel était le régime des métiers ? Ce devait être, dans toute sa force, la corporation primitive, calquée sur le modèle romain et catholique, tout animée de l'esprit et de la discipline de l'Église. Il serait bien difficile de distinguer alors des ouvriers et des patrons, des employeurs et des employés ; c'est un même peuple d'artisans, une même famille ; la prière et la foi gouvernent les moindres actes de la vie, les moindres détails de la profession.

Les apologistes systématiques de la corporation cherchent là encore aujourd'hui le modèle de leur système : le patron gouvernant les ouvriers, comme un père ses enfants, gouverné lui-même par notre sainte mère l'Église. A ce prix, l'Église admet parfaitement dans ses corporations une sorte d'égalité républicaine, qui est sans danger, pourvu qu'elle exerce la souveraine maîtrise sur les esprits et sur les cœurs.

Quand le prévôt Étienne Boileau convoqua pour la première fois les métiers de Paris, les engageant à se former en communautés régulières, à recueillir leurs statuts et à les lui apporter, il se fit sans doute un grand remuement dans les corporations anciennes. Leurs progrès, leurs luttes, leurs premiers essais d'émancipation rendaient cette codification nécessaire, l'autorité grandissante du plus pieux des rois la rendait facile. Les corporations étaient convoquées pour la première fois par l'autorité laïque, elles apprenaient un autre chemin que celui de l'Église ; mais on n'y pensait pas, on était encore à cinq siècles d'éloignement de la liberté.

Ce dut être cependant une grande nouveauté dans Paris. On jasa beaucoup dans les échoppes, dans les petits ateliers et sur la place de l'Aigle, près de la porte Saint-Antoine. On rédigea tant bien que mal les statuts, les chartes des corporations ; valets, compagnons et maîtres dirent chacun leur avis et soutinrent leurs privilèges. Puis on porta au prévôt ces premiers cahiers de l'une de nos plus lointaines révolutions.

A chaque page nous rencontrons les expressions suivantes : « Ces statuts sont établis et ordonnés par le prévôt, avec le commun assentiment de tout le commun du mestier... » Cet établissement, cette ordonnance sont accordés « par le *commun assentiment de tous ceux du métier*, maîtres et varlets, pour le commun profit du mestier et de la ville de Paris et pour le roy ». On ne parle pas encore de compagnons : ce sont des varlets, mais ces varlets sont de la classe des maîtres et, suivant l'ordre des choses, la maîtrise les attend. Ils ont eu plus d'une fois le ton aussi haut que les patrons, ils ont donné leur interprétation des statuts avec une rude éloquence.

Ces cahiers revêtent souvent la forme de suppliques ou de requêtes, mais comme on les a faites de tout temps au pays de France, avec le ferme langage du droit et du devoir : « Nous, maîtres du métier, nous pouvons faire ceci,... nous devons faire cela..., et nous, varlets, ne pouvons ni ne devons ouvrer dans telles et telles conditions, mais dans telles autres... », et toujours : « s'il plaît au roy ». — « Les prud'hommes du métier requièrent qu'ils soient quittes du guet, s'il plaît au roy... » Et alors, soit dit en passant, les maîtres, les bourgeois rejettent les charges du guet et de la milice sur les valets qui, peu à peu, apprennent le métier des armes : c'est ainsi que ces hommes commencent à devenir des soldats, c'est-à-dire des citoyens. Ils consolident leurs associations, ils agrandissent singulièrement leur situation morale et sociale en prenant la place des maîtres dans le rang. Une éducation toute nouvelle s'ouvre pour eux. Aujourd'hui, dans notre Europe, cette éducation complète, industrielle et militaire des multitudes, doit prendre avec le service obligatoire pour tous des développements prodigieux.

Tous les statuts sont présentés au nom « du commun du mestier »; ils ont été délibérés par « le commun du mestier », plus ou moins régulièrement, sous l'autorité prépondérante des maîtres, sans doute; de telles délibérations et présentations en commun n'en sont pas moins caractéristiques. Les statuts revendiquent le droit d'avoir des jurés élus, — s'il plaît au roy. La plupart du temps, ce seront des maîtres seuls, cependant les varlets sont électeurs dans l'assemblée commune et il leur arrive d'user de leur droit pour se nommer eux-mêmes.

Les Foulons ont conservé pour la postérité les noms de leurs jurés élus du commun du métier, qui jurèrent le mercredi avant la Toussaint : savoir, Thomas de Biauvès, Jehan Ballone, *mestres ;* Nicolas Cauvin, Thomas de la Maison Neuve, *varlets.*

Encore les Foulons : « Quand les 4 jurés du dit mestier, à savoir les 2 maîtres et les 2 varlets, ont fait leur temps, ils doivent venir au prévost de Paris, et lui demander de mettre 4 autres prud'hommes en leur place. Et le prévost doit, par le conseil des 2 maîtres, nommer les 2 varlets, et par le conseil des 2 varlets, nommer les 2 maîtres, s'il semble au prévost de Paris qu'ils lui conseillent bien... » Ainsi, d'après ce mode d'élection, ce sont les ouvriers qui choisissent les patrons, et les patrons qui choisissent les ouvriers pour siéger en leur conseil de jurés et d'arbitres, et le prévost donne l'investiture aux élus, s'il les croit dignes de leur haute fonction.

Maîtres et valets, tous jurent la charte du travail, s'engagent réciproquement à « faire bien et loyalement, chacun en droit soi », et s'ils apprennent que quelqu'un ne fait pas selon les us et coutumes, ils doivent le faire savoir au maître du métier ou aux jurés. Les valets comme les maîtres doivent sous serment, et à peine de forfaiture, faire respecter la constitution du travail ; les valets doivent la faire respecter, même à l'encontre des maîtres, si les maîtres sont dans leur tort. Le droit de juridiction est égal et le serment du valet est sacré comme le serment du maître ; le valet est passible de forfaiture s'il ne remplit pas sa fonction, parce que son autorité a le même prix moral.

Les orfèvres nomment leurs jurés en toute liberté, sans aucune intervention du prévôt. La communauté élit 2 ou 3 prud'hommes pour garder le métier. Qu'est-ce que la communauté ou le commun du métier ? C'est l'assemblée des maîtres et des valets.

Les règlements concernant les apprentis, si tyranniques d'une part, et d'une autre part, cependant, si attentifs à tous les détails de la vie morale des enfants et des jeunes gens, et si larges, si indulgents aux fautes de la jeunesse, sont l'œuvre des ouvriers au moins autant que celle des patrons. « Si l'apprenti s'enfuit par sa *joliveté* et *folour* — nos expressions de légèreté et folie de jeunesse, sont bien raides et sèches auprès de celles du XIIIe siècle, — le maître doit le chercher, puis l'attendre..., et, s'il revient, le maître doit le reprendre, et l'apprenti « doit le dédomager de tout le service qu'il lui a lésé ». Ces mesures procédaient directement de la politique des corporations, toute tendue vers un but principal : limiter le nombre des ouvriers de chaque métier, empêcher la concurrence, étouffer la liberté industrielle, et, comme la fuite des apprentis était fréquente, on s'empressait de recevoir libéralement ces enfants perdus, ces fils du privilège et du monopole, quand ils revenaient au bercail.

Les marchés d'apprentissage étaient soumis aux jurés qui prenaient tout renseignement sur la situation du maître, s'informaient s'il était suffisamment capable d'enseigner le métier, s'il était bien dans ses affaires et en état de mener jusqu'au bout l'éducation de l'apprenti ; et si ses affaires étaient douteuses, le maître devait déposer un cautionnement entre les mains de ces jurés élus, protecteurs naturels du métier.

Lorsque l'apprenti « s'en va d'entour son mestre, par la défaute de son mestre », disent les tisserands, c'est-à-dire à la suite de mauvais traitements qui lui ont rendu le séjour de l'atelier impossible, il se rend devant le *maître du métier*, accompagné d'amis qu'il produit comme témoins. Ce maître du métier examine si les plaintes de l'apprenti sont fondées et, si elles le sont, il fait venir le maître pour lui adresser des reproches et l'exhorter à faire mieux ; on essaie encore quinze jours : si les sévices se renouvellent, durs et farouches en ce temps-là, le maître du métier placera l'apprenti dans une autre maison ; — tout cela conduit et réglé par le commun accord du commun du métier.

« Les valets s'étaient décidés, pour trouver de l'ouvrage, à se louer à la journée... Ils se rendaient, au lever du soleil, sur la place de l'Aigle ou au carrefour des Champs, et attendaient là que les maîtres vinssent leur faire des propositions... » — Assurément, nous voilà bien loin de la corporation primitive, de sa pureté originelle et de son caractère familial. On loue, on vend et on achète le travail au carrefour des Champs comme à la porte Saint-Antoine; on discute, entre ouvriers et patrons, les conditions du travail, les salaires, les heures. Les contrats de louage d'ouvrage commencent, avec leur cortège naturel de marchandages, de discussions, de grèves et d'arbitrages.

Les amendes sont tarifiées aussi par les ouvriers, compagnons et valets d'accord avec les maîtres et patrons : « Tous ceux dudit métier furent en jugement par devant Jehan de Montigni, prévost de Paris, — postérieur à Étienne Boileau — et, par leur commun accord et par l'accord du prévost de Paris, voulurent et accordèrent que quiconque *mesprendra en aucun des articles ci-dessus, violera les règlements du métier ou fera contre aucune des choses dites ci-dessus,* paiera *VII S. parisis*,... sauf que le roi et le prévost puissent ajouter, augmenter ou diminuer... »

M. Lujo Brentano, si bien informé des choses flamandes et germaniques, écrit dans son intéressant ouvrage : *La Question ouvrière :* « Au XIIIe siècle, nous voyons les compagnons tisserands de Bruges (et d'ailleurs aussi vraisemblablement), régis par une organisation particulière. Nous apprenons que sur quatre présidents de la corporation, deux devaient être des compagnons, — que des compagnons, agissant comme délégués de leurs collègues, prenaient part à la surveillance du travail et *consentaient les ordonnances* qui réglaient le métier. Les salaires des compagnons se trouvaient proportionnés à ceux des maîtres, et, dans quelques localités, comme à Bruges, le salaire était réglé de telle façon que *les compagnons participaient aux bénéfices;* même dans les localités où la surveillance industrielle appartenait aux patriciens, *aucune décision n'était prise sans que les compagnons fussent entendus.* »

Nous ne songeons pas à retracer, même de la façon la plus sommaire, les traits généraux d'une histoire des corporations : nous essayons seulement de saisir les premiers signes de l'esprit laïque et civique qui s'éveille ici au sein de l'ancienne corporation toute religieuse et familiale. L'initiative d'Étienne Boileau et de Louis IX à Paris est, dans un sens, une réaction, si l'on veut, contre l'expansion spontanée et anarchique des métiers : ils mettent l'ordre juridique dans des choses où régnaient exclusivement la religion et la coutume. Paris était nuit et jour rançonné par des bandes de brigands et de voleurs : le gouvernement du roi veut établir la police et la sécurité. Le grand et terrible *Estienne* fait pendre ses parents et ses compères, à l'instar d'un tribun de Rome. Il *établit* l'ordre dans les corporations comme dans les autres domaines.

Nous devons aussi, pour ne pas nous tromper sur la couleur générale de ce tableau lointain, si effacé, retenir toujours que les corporations de ce temps, *ce commun du métier*, valets comme maîtres et patrons, constituaient une aristocratie terriblement âpre et dure au menu peuple. Les petits, les tout petits, les isolés, les abandonnés, ont commencé à respirer sous Louis IX, à apprendre qu'il y avait une loi et un roi.

Mais en prenant ainsi, sous une forte autorité politique, figure légale, et en s'établissant régulièrement, les corporations ont mis en lumière les deux principaux éléments dont elles se composaient : varlets et maîtres. Ils se sont réciproquement définis les uns par les autres. Ils ont discuté ensemble : ils ont tenu des conseils et fixé les termes de leurs chartes de travail. Toutes les conditions, salaires, amendes, questions de temps et d'heures, garanties de bonne fabrication, tout a été étudié, réglé, d'un commun accord.

Que les maîtres, surtout quand ils étaient riches et puissants, aient dominé les ouvriers dans ces délibérations, c'est certain; qu'ils aient écarté fréquemment les valets des fonctions de jurés et de prud'hommes, nous n'en pouvons pas douter. Les plus humbles corporations nommaient des valets et des maîtres et les renouvelaient à de courtes périodes, suivant l'usage démocratique; tandis que telle riche corporation n'avait qu'un juré maître nommé pour de longues années et qui se perpétuait par son influence et ses lumières.

Il faut tenir compte de ces traits si divers dans un tableau où fourmille la vie âpre et débordante; mais n'importe, ouvriers et patrons, valets et maîtres tenaient de communs conseils, partageaient les mêmes juridictions électives, juraient comme des égaux, sur les mêmes livres sacrés, de se respecter réciproquement et de faire respecter la discipline et la loyauté du métier. Toute cette vie démocratique ne ressemble guère au régime des corporations cloîtrées, sous l'autorité paternelle, mais absolue, d'un maître et patron.

Deux esprits, deux tendances, deux politiques, sont en présence, se combattent, ont tour à tour le dessous et le dessus; mais déjà l'une semble plus forte et tous les jours elle va gagner du terrain.

En dehors des corporations, sur ces marchés

de travail que nous avons indiqués, où s'assemblent les ouvriers sans ouvrage, des phénomènes d'un autre genre se passent, qui vont sans cesse grandir et se généraliser avec les développements de l'industrie et du commerce. La discussion a ici toute son ampleur : ce n'est plus le conseil de l'atelier, la chambre de travail, c'est le plein air, moral et politique, c'est la place publique, toutes les révolutions y passeront.

Voici un autre ordre de phénomènes : les apprentis récalcitrants, les varlets indisciplinés, « les rêveurs, mauvais garçons, meurtriers, larrons et *houliers* », débauchés et de mauvaises mœurs, étaient bannis de la corporation, de la ville et du pays. Ils ne pouvaient pas rester dans le métier. « Il était interdit aux maîtres de les souffrir autour d'eux. » Ceux-là s'en allaient au hasard, se rencontraient, s'organisaient à part, et se moralisaient. Ils formaient un grand nombre. Dans cette situation inférieure, et précaire malgré les statuts et privilèges, les débauchés, les *houliers* et les *rêveurs* sont nombreux, surtout lorsque les maîtres sont durs. Ils rejettent la discipline traditionnelle, ils sont impitoyablement chassés et pourchassés, mais ils se donnent alors à eux-mêmes une discipline volontaire, qu'ils acceptent et qu'ils aiment. Ils forment de nouvelles associations, une nouvelle cité ouvrière, qui a aussi ses lois sacrées et sa constitution vénérée. Deux mondes s'affrontent, qui ont chacun leurs droits; on passe des contrats, on signe des pactes, on les fait et on les défait par la grève et la guerre, pour les rétablir par la conciliation et par l'arbitrage.

Telles sont nos origines, — les origines de toutes les puissances et de toutes les grandeurs politiques, morales et sociales. La fable est certaine et indubitable que Rome est née d'une réunion de brigands assemblés dans un bois.

VIII

DANS LE PAS-DE-CALAIS

On n'a pas oublié cette longue, pénible et stérile grève du Pas-de-Calais, qui sévit en 1893, l'une des plus tristes qui aient été enregistrées dans l'histoire de nos grèves. Au premier rang des réclamations, bien ou mal fondées, que les ouvriers mineurs présentèrent aux Compagnies, il y en avait une qui les résumait presque toutes ; elle était le grief essentiel et capital. Les ouvriers disaient que les patrons n'avaient pas respecté les termes de la Convention d'Arras.

Cette convention du 30 novembre 1891 avait heureusement terminé une autre grande grève : elle avait réglé les salaires et les principales conditions du travail. Ouvriers et patrons s'étaient mis d'accord après un examen attentif des points en litige. Ils s'étaient retirés contents et satisfaits les uns des autres. Deux ans s'écoulent, la grève éclate de nouveau, implacable, irrésistible, comme poussée au dehors par la tension extrême de longs griefs accumulés.

« Vous n'avez pas respecté la convention, disent les mineurs, et voici la liste de vos manquements et de vos violations de toutes sortes! — Vous vous trompez, répondent les compagnies, nous avons respecté tous les termes du contrat. »

Cette grève de cinquante jours a roulé entièrement sur cette hypothèse. Qu'est-ce que cela prouve? Cela prouve que la faute mère de toutes les autres a été de se séparer après la convention d'Arras, comme si l'on était des étrangers qui n'ont rien de commun ensemble.

Si, au lieu de s'en aller chacun de son côté, le 30 novembre 1891, pour ne plus se rencontrer ni se parler avant une nouvelle déclaration de grève, on s'était donné rendez-vous à des époques déterminées, tous les mois, tous les quinze jours; si l'on avait pris le soin d'examiner à ces rendez-vous l'état du travail, de dissiper les malentendus, de redresser les torts qui ne manquent jamais de survenir, on aurait empêché l'accumulation de ces griefs imaginaires ou réels, qui forment peu à peu la matière d'une vaste explosion.

C'est là l'idée simple des conseils de travail, comme nous l'avons déjà fait remarquer l'année dernière, dans nos *Transformations sociales.*

Cette réunion d'Arras, qui avait élaboré en 1891 les chartes du travail pour les mineurs du Pas-de-Calais, qu'était-elle elle-même, pensez-vous, sinon un conseil du travail, réuni par extraordinaire dans un moment de crise? Ouvriers et patrons, délégués du syndicat et représentants des compagnies, s'étaient rencontrés à la préfecture; on s'était assis autour d'une table, et là, les yeux dans les yeux, chacun retournant en lui-même les sentiments de sa responsabilité, on avait examiné les sujets de la querelle. La discussion avait été ardente, opiniâtre; elle avait abouti à une convention, signée des deux parties, qui, pendant dix-huit mois, fut la base de la paix et du travail. Qu'est-ce donc que cette réunion d'hommes, délibérant ainsi en commun sur les choses du travail, si ce n'est pas un exemplaire de ces conseils et de ces chambres que nous recommandons? Et la paix de dix-huit mois que ce conseil d'Arras procura au pays minier, n'a-t-elle pas été un avantage appréciable dans ce temps des guerres civiles du travail?

Paix boiteuse, trêve précaire, sans doute, on en convient, — trêve cependant, trêve de la raison et du sens commun, notre seule *trêve de Dieu*, dans notre moyen âge économique et industriel. Le tort évident est d'avoir ensuite laissé passer ces dix-huit mois sans renouveler une réunion qui avait donné d'excellents fruits. Supposez que l'on se fût réuni de nouveau le mois d'après, la charte tenait encore, on n'était pas déjà brouillés, on se fût rencontré avec plaisir et confiance. Si quelque point de l'accord avait paru affaibli, on l'aurait raffermi. On aurait tenu une troisième assemblée au troisième mois, et ainsi de suite, ayant toujours soin de ne pas mettre entre ces réunions périodiques un temps assez long pour que des motifs de désaccord irrémédiable vinssent à se produire dans l'intervalle. On ne se reconnaît plus quand on est si longtemps sans se voir. Il faut se retrouver avant que l'impression salutaire de l'entrevue que l'on a eue ait pu s'effacer et se perdre.

Si l'on avait agi ainsi, je ne dis pas que la paix eût été éternelle; elle se serait prolongée, elle aurait duré trois ans, quatre ans peut-être, au lieu de deux, le bénéfice eût été double. Pendant ces années de paix, le progrès matériel et moral, l'éducation économique de la démocratie aurait fait de nouveaux gains. Faisons la paix et maintenons-la tant que nous pourrons, c'est autant de gagné sur l'ennemi. L'esprit humain est plein de ressources qui, à la faveur de cette paix, se développent et fructifient. Les solutions de l'avenir se préparent. Qui sait les nouvelles méthodes de travail que nous aurons trouvées dans quatre ans, dans cinq ans, quelles inventions de la science, quels événements de l'histoire du monde auront pu modifier la situation générale, le prix des choses et les conditions de la vie? Cette paix que nous supposons, que nous nous plaisons à imaginer, n'est pas une paix morne et inerte; elle est pleine d'activité, de mouvement et d'émulation. On travaille et on étudie. On poursuit l'œuvre du progrès économique, intellectuel et moral, non seulement avec la collaboration du temps qui passe, mais avec ces réunions successives dans lesquelles on se communique ses idées et ses réflexions. Et si cependant la grève et la guerre doivent éclater de nouveau, d'une manière en quelque sorte fatale, dans la mine et dans le chantier, au moins saura-t-on pourquoi, et cette connaissance exacte du motif pourra être une occasion d'arrangements meilleurs; on pourra terminer la guerre par une nouvelle convention supérieure à la précédente, qui se rapprochera encore un peu plus de la vérité économique et sociale; ainsi on marche, on s'avance, avec une expérience toujours plus complète des lois du monde et de l'homme; on profite même de ses erreurs, de ses chutes et de ses défaites, en raisonnant sur leurs causes; tandis que cette grève inconsciente et cahotique, cette grève stupide pour les deux parties en présence, qui éclate sans explication, sans qu'on ait échangé une parole, ne forme qu'un tissu de misères imbéciles que n'accompagne aucune compensation.

II

Au lendemain de cette terrible épreuve de 1893, nous avons essayé, avec nos amis du Nord, de faire pénétrer dans le public l'idée des conseils du travail. Je m'adressai tour à tour aux journaux de Lille, aux journaux de Paris, et j'en recevais le plus favorable accueil. On avait proposé au plus fort de la grève un arbitrage de la presse; l'arbitrage était bien difficile à réaliser dans un tel moment, au milieu des passions déchaînées, et à l'aide d'un arbitre essentiellement politique et militant comme la presse. Mais ce que la presse n'a pu faire pendant la grève, elle le pourrait peut-être après, disions-nous. C'est à elle qu'il appartient de faire comprendre et adopter les moyens connus de conciliation pour empêcher autant que possible les conflits violents entre les patrons et les ouvriers. Cela, la presse le peut; elle est là sur son terrain, elle exerce son influence légitime et naturelle.

Il ne s'agit pas d'émettre des vœux platoniques pour le succès de la conciliation et de l'arbitrage dans les luttes du travail : il faut aller droit au fait et indiquer des réalisations pratiques à l'heure où nous sommes.

On cite sans peine et au hasard, parmi les patrons des mines du Pas-de-Calais, des hommes que chacun estime pour leurs lumières et leur patriotisme, de bons républicains, de bons Français. Ils ont des idées et du sentiment. Nous nous adressons à eux. Pourquoi ne prendraient-ils pas cette initiative? Pourquoi les compagnies houillères ne créeraient-elles point un comité d'explication et de conciliation au centre de leur district?

Et s'il paraît que les compagnies du Pas-de-Calais sont trop nombreuses et diverses pour créer d'un commun accord un comité unique, pourquoi l'une d'entre elles ne le ferait-elle pas pour son propre compte? Que ce soit à Liévin, à Courrières, à Béthune, n'importe où, que quelqu'un commence et les autres suivront! Que celui qui a le plus de lumières et de sagesse se décide!

La création de ces comités dépend de vous : il n'est pas besoin de loi. Proposez-les aujourd'hui à ces travailleurs, qui rentrent vaincus et sans conditions, mais non pas sans ressentiment, dans les mines, et vous ne serez pas refusés. Vous aurez fondé une institution qui peut nous épargner, et à vous-mêmes, de grands malheurs. Ce sera sage, ce sera juste et c'est facile. Les Anglais et les Belges le font avec succès : pourquoi seriez-vous incapables de faire comme eux et mieux qu'eux?

La réponse n'est pas venue des compagnies, mais des houilleurs; ces pauvres gens ont eu la politique de mettre dès le premier jour tous les avantages de leur côté. Un congrès ouvrier, réuni à Sin-le-Noble, prit la délibération suivante qui me fut adressée personnellement par ces hommes que je ne connaissais pas, avec qui je n'avais aucune relation, mais qui lisent après les durs travaux de la mine et qui suivent la marche des idées de leur temps :

Le Congrès des délégués du Syndicat des mineurs du Nord, réuni en son siège, à Sin-le-Noble, le 26 novembre 1893, a voté à l'unanimité l'ordre du jour suivant :

Considérant qu'il y a lieu de faciliter la solution des questions sociales, le Congrès déclare plus que jamais nécessaire l'union de tous les ouvriers et affirme sa confiance en l'organisation syndicale, comme moyen de rénovation et de justice sociales;

Répudie la violence et l'intolérance et devance les patrons dans la voie de la modération.

Considérant en outre qu'une ère d'apaisement permettra d'examiner et de résoudre avec plus d'impartialité les questions ouvrières;

Est d'avis qu'il y a lieu d'organiser dans le bassin houiller des comités professionnels et permanents de conciliation et d'arbitrage, sur le pied d'une parfaite égalité entre patrons et ouvriers;

Espère que tous les bons citoyens se joindront au syndicat pour en propager l'idée et la faire accepter par les compagnies.

A ce texte de l'ordre du jour, le secrétaire du Syndicat des mineurs du Nord ajoutait les explications suivantes sur ses vues et celles de ses amis :

Nombre égal de délégués des patrons et de délégués des ouvriers qui, après avoir entendu les intéressés ou leurs représentants, examineraient librement et amicalement, au fur et à mesure des incidents, les intérêts professionnels de la grande famille industrielle.

Les affaires donnant lieu à contestation viendraient à bref delai devant le comité, après enquête impartiale, et seulement si les enquêteurs n'étaient pas arrivés à résoudre la difficulté.

Le mandat de délégué serait de courte durée, un an par exemple. Le comité chercherait des moyens de conciliation. A défaut de conciliation, il nommerait des arbitres pris parmi les membres du comité, patrons et ouvriers, à moins qu'il ne préférât déléguer ses pouvoirs à un autre arbitre.

La sentence n'aurait pas de sanction légale sans doute, mais elle s'imposerait par persuasion, raison et justice, sous l'égide de l'opinion publique.

Et cette dernière observation, d'une importance capitale :

En principe, le travail ne serait pas arrêté et il n'y aurait pas grève tant que l'affaire serait pendante.

Ainsi, les délégués des houilleurs du Pas-de-Calais, réunis à Sin-le-Noble, proposent de créer des conseils du travail, qui *examineront librement et amicalement*, au fur et à mesure des incidents, *les intérêts professionnels de la grande famille industrielle*. Ils répudient *tout esprit de violence et d'intolérance;* ils veulent arriver à plus de justice, *par la persuasion et la raison, sous l'égide de l'opinion publique;* ils déclarent qu'il *n'y aura pas de grève*, aussi longtemps que les hommes compétents et impartiaux, auxquels l'affaire sera soumise, ne se seront pas prononcés.

Certes, voilà un excellent et parfait langage, dont l'opinion publique doit être vivement touchée, et cela fait avancer les réformes beaucoup mieux que des expressions de colère et de menace. Le comité « espère *que tous les bons citoyens se joindront à lui pour propager l'idée* de ces conseils du travail et *pour la faire accepter par les Compagnies* ». Espérons-le avec lui, espérons que les esprits amis du progrès, de la justice et de la paix viendront en foule appuyer le vœu exprimé par les ouvriers mineurs dans une forme si remarquable et avec de si nobles sentiments !

Il s'agit de se réunir à des dates périodiques, délégués des ouvriers et délégués des patrons, pour examiner librement et *amicalement*, en concitoyens de la République et en frères de *la grande famille industrielle*, toutes les choses du travail, afin d'aplanir les difficultés, de dissiper les malentendus, de redresser les torts, au fur et à mesure qu'ils se produisent.

Cependant si telle difficulté résiste à l'explication, alors le conseil du travail prend un autre rôle, il organise la conciliation et l'arbitrage ; c'est la seconde partie de sa tâche.

Voilà pourquoi nous ne cessons de répéter que ces conseils doivent s'appeler *Conseils du travail* et non pas « Conseils de conciliation et d'arbitrage », comme le propose le Congrès des mineurs. *Conseils du travail* est une expression bien plus large et qui dit tout. C'est le nom qui leur convient le mieux et qui leur convient toujours. Ils sont toujours des conseils d'explications et d'éclaircissements sur les choses du travail et ils ne deviennent que par exception des conseils de conciliation et d'arbitrage.

Ils peuvent ne pas choisir des arbitres parmi eux, ni parmi les ouvriers, ni parmi les patrons, mais appeler à remplir ce devoir social des citoyens honorables en qui ils ont pleine confiance pour le désintéressement et l'impartialité. Quelquefois même cela vaut mieux, un arbitre qui n'est ni ouvrier ni patron, pourvu qu'il ait de l'expérience et de la justice, peut être un excellent arbitre. On l'a vu maintes fois et dernièrement encore en Angleterre, dans la grande grève des mineurs du centre.

Et maintenant, c'est aux Compagnies houillères à faire connaître à leur tour leur sentiment. Les ouvriers ne peuvent pas créer des conseils du travail tout seuls ; il faut que ces conseils soient organisés par les ouvriers et par les compagnies, en collaboration honnête et loyale.

Aux États généraux de 1789, les hommes du Tiers-État étaient réunis à Versailles dans la grande salle commune : ils attendaient les deux autres ordres, le clergé et la noblesse, qui s'obstinaient à délibérer chacun dans une salle à part. « Nous attendons, disaient-ils, nos frères de la grande famille. »

Ils ne se sont pas fatigués des premiers refus, des affronts mêmes : ils attendaient toujours. Enfin les deux ordres privilégiés sont venus se joindre avec le Tiers-État dans la grande assemblée nationale. Ce jour mémorable, Bailly prononça cette parole : « Il nous manquait des frères, maintenant la famille est complète... »

Et ce jour-là, une grande révolution était accomplie, puisqu'au lieu de trois ordres distincts, on avait une nation. On peut dire que toute la Révolution était là en principe. Il n'y avait plus que des citoyens égaux dans une seule assemblée nationale, représentant la France, la patrie de tous.

Nous ne voulons pas faire de comparaison exagérée.

Aujourd'hui il n'y a plus de classes légalement privilégiées, il n'y a plus trois ordres distincts dans l'État.

Cependant, il y a quelque chose qui ressemble, toute proportion gardée, à ce qui se passait à Versailles en 1789. Nous voyons des ouvriers mineurs qui se sont réunis spontanément pour organiser des conseils dans lesquels patrons et ouvriers délibéreraient ensemble sur les choses du travail.

Nous avons même rencontré dans les explications du syndicat des mineurs cette belle expression qui ressemble si fort à celle de Bailly : « *la grande famille industrielle...* ».

Les ouvriers sont donc maintenant à attendre leurs frères de la grande famille ; eh bien ! qu'ils ne se découragent point par un premier refus, par des atermoiements, par des formalités, qu'ils tiennent séance, qu'ils manifestent avec éclat leur ferme volonté de délibérer en commun, qu'ils attendent patiemment, résolument, qu'ils renouvellent, s'il le faut, leur invitation deux fois, dix fois : les patrons y viendront, la force des choses le veut.

Par malheur, jusqu'à ce jour, les Compagnies qui se sont laissé devancer et qui regagneraient si facilement l'avance que les ouvriers ont prise sur elles, ne peuvent se résoudre à quitter le système de l'inaction et des plus frivoles excuses.

Les typographes de Lille ont fait la même démarche que les ouvriers des houillères ; eux aussi ont proposé à leurs patrons d'organiser d'un commun accord des conseils du travail. Les maîtres imprimeurs ont répondu à cette démarche par un refus motivé, dont les termes ne peuvent pas être l'objet d'une discussion sérieuse. Le préjugé de classe y apparaît seul, dans sa nudité, qui n'est pas belle à voir, et seul il a dicté une réponse sur laquelle il vaut mieux jeter le voile de l'oubli.

« Les notables venaient d'être convoqués dans une ville de province, dit Tocqueville ; la plupart d'entre eux refusèrent obstinément de prendre séance et de remplir leur office *parce qu'il s'était introduit dans l'assemblée quelques artisans auxquels les bourgeois se trouvaient humiliés d'être associés.* »

Ce sont ces mêmes notables et bourgeois, leurs neveux ou leurs cousins qui, aux États généraux, essuyaient les refus des ordres de la noblesse et du clergé.

Nous retrouvons dans notre état social, issu de la Révolution française, à cette fin d'un siècle expirant, qui a tout vu, tout connu, tout éprouvé, et qui devrait, semble-t-il, avoir élargi sa conception du monde et de l'histoire, nous retrouvons le même esprit routinier et philistin qui faisait que les notables ne voulaient pas entrer en conversation avec les artisans, ni les nobles et les prêtres avec les notables. Aujourd'hui les ingénieurs ne veulent pas tenir conseil avec les mineurs, les imprimeurs avec les typographes, les fabricants avec les tisseurs et fileurs, mais cela se fera pourtant.

IX

L'ASSURANCE OUVRIÈRE. LE CHOMAGE

Le 22 floréal, l'an II, sous la présidence de Carnot, à la Convention nationale, Barrère lisait un de ces documents extraordinaires, sans exemple dans l'histoire, que l'esprit nouveau de la Révolution enfantait pour le scandale du monde : « Tandis que le canon gronde sur toutes nos frontières, un fléau redoutable, la lèpre des monarchies, la mendicité, fait des progrès effrayants dans l'intérieur de la République. La propagation de cette maladie politique et morale n'a pas de principe plus actif que la guerre, d'agents plus dangereux que les factions, de moyens plus puissants que le désordre des affaires publiques, et de perpétuité plus assurée que dans l'indifférence du législateur. Ce sera une belle époque pour la Convention d'avoir aboli la mendicité au milieu des fureurs de la guerre. La mendicité est une accusation ambulante contre le gouvernement... »

Et, rappelant un autre document, plus extraordinaire encore, qui avait quatre jours de date, le rapport de Robespierre sur l'acte de reconnaissance de l'Être suprême et de l'immortalité de l'âme par le peuple français, Barrère s'écriait :

« Il y a peu de jours vous applaudissiez à ces paroles : les malheureux sont les puissants de la terre ; ils ont le droit de parler en maîtres aux gouvernements qui les négligent !... »

C'est par de tels préambules que les hommes de ce temps justifiaient leurs décrets politiques, sociaux et moraux. Ils embrassaient l'homme et la nature dans leurs conceptions grandioses. Leur imagination, surexcitée à ce point, ne l'était pas trop, en comparaison des périls extrêmes d'où ils avaient à sauver la liberté et la patrie. Ils vivaient dans la sublimité, côtoyant par ce fait même les précipices qui sont toujours à côté du sublime et ils y tombaient par d'effroyables chutes. Mais on ne saura jamais si la prétendue raison pratique et le bon petit bon sens bourgeois auraient mieux résolu les problèmes du temps que ne l'ont pu faire l'enthousiasme et le délire.

Le rapporteur développait un vaste système de secours divisé en trois parties : campagnes, villes, armées. « Nous devons, disait-il, *commencer comme la nature par les campagnes.* Secours aux cultivateurs, aux artisans invalides; aux femmes et aux veuves surchargées d'enfants; aux filles et aux femmes enceintes; *travail des valides en temps de détresse*, etc... » Il terminait par une péroraison pathétique, empruntée à l'histoire naïve de quelque peuplade lointaine, témoignant encore par là combien ces hommes terribles savaient étendre aux plus humbles, aux plus éloignés et aux plus inconnus leurs sentiments de solidarité universelle.

C'est le peuple de Madagascar, que Barrère évoquait ainsi devant la Convention. Cette île était alors perdue dans les espaces mystérieux de l'Océan bien plus qu'elle ne l'est pour nous aujourd'hui.

« Le peuple de Madagascar divise le temps en jours heureux et malheureux, et il immole impitoyablement tous les enfants qui naissent dans les jours réputés malheureux... Beniowsky, le plus éclairé d'entre les hommes de Madagascar, sauva plusieurs de ces victimes d'un abominable préjugé, et les fit élever au fort appelé Dauphin, où ils vécurent et devinrent des hommes utiles.

« Cet exemple fit un si grand effet sur ces peuplades ignorantes que toutes les femmes de Madagascar prièrent l'épouse de Beniowsky, assassiné par le despotisme, de venir de l'Ile-de-France, où elle était retirée, pour qu'elles pussent prêter, sous ses yeux, le serment de ne plus distinguer les jours heureux et malheureux. L'épouse de Beniowsky parut, et aussitôt les mères, en présence de la nature, tenant leurs enfants dans leurs bras élevés vers le ciel, jurèrent unanimement de les nourrir tous indistinctement et avec un égal intérêt.

« La cérémonie fut auguste et touchante; le serment le plus pur qui se soit jamais élevé vers l'Auteur de la nature est celui des femmes de Madagascar... Jurons, nous aussi, de ne plus reconnaître des classes d'hommes vouées à l'infortune ou abandonnées à l'indigence; jurons l'abolition de cette mendicité honteuse qui blesse la dignité de l'homme, offense la nature et l'humanité... Le serment des représentants du peuple français sera aussi saint que celui des mères de Madagascar, et votre récompense sera dans les cœurs des habitants des campagnes et dans le bonheur du peuple... »

Cet effort admirable de la Convention pour organiser l'assistance publique, universelle, procédait des origines mêmes de la Révolution française et des pensées les plus profondes dont elle était inspirée. L'Assemblée nationale était à peine sortie des derniers États généraux, à peine avait-elle proclamé les droits de l'homme et du citoyen qu'elle préparait un système complet de secours nationaux, « le monument le plus majestueux qu'aient jamais élevé le patriotisme, la philanthropie et les lumières ». Le nom de Larochefoucauld-Liancourt y demeurera à jamais attaché, avec le souvenir de ses immortels rapports. Aucune classe de malheureux, de sans-patrie, de sans-travail, ne devait être laissée en dehors de la bienfaisance publique. La mendicité et le chômage devaient être bannis de la terre, éclairée par les rayons de la Révolution française. Les personnes qui aiment à rencontrer dans l'histoire les manifestations de l'autorité absolue, qui recherchent un beau type d'État-

Providence, sèmant pêle-mêle les bienfaits, la terreur et la mort, n'en trouveront nulle part ailleurs un exemplaire plus étonnant. Louis XIV et Richelieu sont effacés; Napoléon ne sera qu'un décalque de ces bourgeois inouïs.

Nous avons abandonné cette idée de *secours* et *d'assistance*; nous ne parlons que de *prévoyance*, d'*assurance* et de *mutualité*. L'idée actuelle est sans doute d'un degré supérieur à l'ancienne; mais nous voulons une mutualité obligatoire, une prévoyance et une assurance légales. C'est encore à l'État que doit appartenir l'organisation, l'entretien, la responsabilité de la caisse. Les étiquettes sont différentes, l'aspect du système est changé; est-il bien sûr que le système soit changé au fond? Il n'est peut-être que moins sincère et moins franc dans sa figure nouvelle, s'il suit les mêmes principes en les déguisant. On ne réfléchit pas à tout ce qu'il y a de contradictoire dans les termes d'une question posée de la sorte. Une prévoyance commandée par la loi, réglementée par l'État, peut-elle être de la prévoyance? Elle ne prévoit pas, puisqu'elle obéit; elle ne calcule pas, puisqu'elle se conforme aux indications prescrites.

La vertu de prévoyance doit être avant tout celle d'un libre esprit qui cherche, raisonne, invente; qui pèse l'avenir et se garde lui-même. Quand la loi commande la prévoyance, elle l'endort en même temps qu'elle l'excite; elle la blesse en même temps qu'elle la fait naître. Puisque c'est la loi qui prévoit, ce n'est donc plus l'individu. L'éducation de la prévoyance ne se fait pas, lorsque l'application empirique de la loi rend l'éducation superflue.

Au fond, quand il s'agit de la prévoyance, c'est à l'éducation de l'esprit humain qu'il faut s'adresser. Nous avons un ministère de l'instruction publique : c'est lui qui devrait dans les écoles former les jeunes esprits à la prévoyance, une prévoyance large et non pas mesquine, honnête et de bon aloi, nullement servile, mais digne d'une grande démocratie libre.

On aura beau offrir les plus savants systèmes de retraite et d'assurance à des personnes qui n'ont pas la notion réfléchie de ce que c'est que le lendemain. La jeunesse est imprévoyante par nature, et l'homme est pendant toute sa vie un jeune homme, un enfant encore sous les cheveux blancs, qui ne songe pas à ce que l'avenir peut lui réserver de peines et d'adversités. Heureuse ignorance peut-être. L'ignorance, l'imprévoyance, ne sont-elles pas aussi des vertus du cœur humain et les plus douces compagnes de notre passage sur terre?

Pourtant, il est clair que nous ne pouvons pas faire de l'imprévoyance la règle pratique de la vie et de la société. Elle aura toujours suffisamment sa part chez un peuple optimiste, généreux et bon enfant, qui se prodigue sans compter. On a dit avec raison que la faculté de prévoyance est en rapport direct avec le développement de l'instruction et de l'éducation. Le sauvage est l'être imprévoyant par excellence; il ne prévoit pas qu'il aura faim le soir, quand il a bien mangé le matin. On n'est nulle part plus imprévoyant que dans les familles pauvres et sans ressources, comme sans instruction. La prévoyance qu'elles pourraient avoir est de si peu de profit, qu'elle ne vaut pas la plupart du temps la peine que l'on y prendrait; elle serait le tourment et l'ennui de la vie, au lieu d'en être le charme et le repos. Ainsi raisonne-t-on dans les situations qui manquent trop complètement de solidité et de garantie. Tandis que plus on s'élève dans les sphères où règnent l'aisance, l'instruction et l'éducation, plus on y rencontre des vues étendues et des méthodes solides de prévoyance à longue portée.

Il faudrait expliquer ces choses non pas sèchement, mais avec générosité et largeur d'esprit dans les années de l'école primaire. On accoutumerait peu à peu les enfants, les jeunes gens, à comprendre ce que c'est que l'épargne, la prévoyance, l'assurance contre les risques de la vie et contre les rigueurs de la vieillesse, tout en cultivant ce qu'il y a chez eux de noble générosité et de fière confiance dans l'avenir. On ne voudrait pas faire de toute la vaillante jeunesse française des calculateurs de gros sous, et des ramasseurs de bouts de chandelle. On aurait une plus haute idée de la prévoyance pour ce grand pays qui a son rôle à tenir dans la politique du monde et dans le développement moral et esthétique de la civilisation du genre humain. Un tel rôle ne peut point se passer de l'esprit de générosité, de désintéressement, de sacrifice et même quelquefois d'aventure. Il faut savoir, à un moment donné, quand on est la France, sacrifier son argent, son temps, son repos pour une idée. Nous l'avons toujours su chez nous, et plaise au ciel que nous ne désapprenions pas cet instinct qui est, après tout, une forme supérieure de prévoyance nationale et humaine.

Les différents aspects de ces vérités morales peuvent parfaitement s'expliquer à la jeunesse et surtout à la jeunesse française; il n'y a pas là de contradiction ni d'incompatibilité. Les esprits et les cœurs jeunes sont admirablement faits pour embrasser ces pensées et ces sentiments dans toute leur grandeur. On apprendrait aux enfants, à l'école du village ou de la ville, qu'il existe des caisses de retraite et des institutions de prévoyance, dont on retire les plus précieux avantages, et on leur montrerait le mécanisme et les effets de ces institutions sans négliger aucunement de développer en eux la générosité, l'amour de l'histoire nationale et la religion du patriotisme. On mettrait la discipline de l'épargne quotidienne à côté de la spontanéité enthousiaste et de l'ardeur désintéressée pour les nobles causes et tout cela se fondrait dans une forme de prévoyance supérieure. Nos instituteurs, nos maîtres ne sont pas incapables de comprendre ainsi leur mission éducative.

Le jour où nous aurons une démocratie toute pénétrée d'un tel esprit, nos institutions de prévoyance auront leur vraie base dans l'éducation des mœurs et dans la formation des caractères. Mais si l'on oublie de faire l'éducation de la prévoyance, on peut établir toute les caisses de retraite que l'on voudra au coin du quai, on peut édifier un temple à la Prévoyance, au milieu de la place de la Concorde, c'est un culte qui n'aura point de fidèles ou qui dégénérera en la plus misérable et la plus décevante des superstitions.

II

Les assurances ouvrières que l'on divise en trois catégories principales : contre les accidents, contre la maladie, contre les conséquences de l'invalidité et de la vieillesse, ne peuvent se soutenir et fonctionner que par le paiement de cotisations périodiques ; ce sera 10 centimes par semaine, 25 centimes, 50 centimes par mois, suivant les systèmes et les professions, que chaque ouvrier prélèvera sur son salaire pour les verser dans la caisse, à moins que les patrons, les communes ou l'État ne veuillent alimenter ce budget de leurs deniers, sans que les travailleurs y contribuent directement. Mais que l'on y fasse attention ; dans cette hypothèse, les ouvriers sacrifient leur liberté, leur dignité et leur responsabilité d'hommes à la perspective d'une assurance ou d'une retraite, qui se formera toujours en grande partie du résultat de leur travail, mais dont ils n'auront à recueillir aucune part de mérite et d'honneur.

Ils y contribueront à leur insu, peut-être plus largement et plus péniblement que s'ils y contribuaient dans une mesure apparente et volontaire. Ils ignoreront leur rôle dans l'organisation de la caisse commune, le monde l'ignorera comme eux et ne leur saura pas gré de leur effort. Tout est mystère, fiction et leurre dans un système de cette nature. Il équivaut positivement au règne de la mendicité et du servage. Ne parlez plus d'assurance ni de mutualité. C'est là consolidation du paupérisme dans tout ce qu'il a de plus hideux et de plus démoralisant pour tous, pour les patrons comme pour les ouvriers, et pour la société qui admettrait l'établissement légal de ce monstrueux mensonge.

On n'en est déjà que trop près dans certaines parties de l'Europe; il faut nous en éloigner à la hâte comme du péril, du fléau le plus hypocrite qui, sous prétexte de prévoyance, puisse menacer une démocratie libre. Elle n'aurait plus aucun avenir d'amélioration matérielle ni morale; tout progrès d'éducation publique, tout renouvellement de l'énergie seraient rendus impossibles. L'épargne et l'assurance, au lieu d'être une méthode d'affranchissement, en seraient une d'asservissement. Les plus nobles vertus elles-mêmes deviendraient absurdes et stupides, puisque les uns seraient reconnaissants de bienfaits qu'on ne leur ferait pas, et les autres s'encourageraient à des sacrifices qui ne leur coûteraient rien.

Il est donc nécessaire d'établir comme une règle absolue que les ouvriers contribueront de leur salaire à l'organisation de leurs assurances et de leurs retraites. Je voudrais qu'il leur fût possible de les organiser entièrement de leurs propres ressources, sans aucune aide des patrons, des communes ni de l'État; mais c'est absolument impossible dans les conditions présentes de la société, et l'on doit comprendre par cette seule observation au milieu de quelles contradictions nous sommes occupés à nous débattre.

Aussi longtemps qu'une classe nombreuse d'individus et de familles ne peut pas, en travaillant, subvenir à ses besoins et assurer la sécurité de son existence; qu'elle attend la contribution des autres classes et la contribution de l'État pour organiser sa caisse de retraite et son budget de la prévoyance, on n'a pas le droit de dire que cette société jouit de la liberté économique et politique : elle végète dans un déplorable socialisme, au milieu de contradictions, auxquelles seulement elle s'efforce de parer plus ou moins grossièrement par des procédés empiriques.

J'ai lu qu'en Belgique des économistes très conservateurs ont prouvé par des chiffres que le tiers des ouvriers belges ne peut pas arriver à vivre de son salaire et doit en tout temps recourir à l'assistance publique. Il en est de même en d'autres pays, et, par exemple, dans nos grandes villes industrielles du Nord. C'est un fait acquis qu'un très grand nombre de travailleurs, non seulement sont réduits à vivre au jour le jour de tout le produit de leur travail, sans pouvoir économiser quoi que ce soit, mais qu'ils sont encore obligés de demander à l'assistance un supplément régulier pour subvenir à leurs stricts besoins. Les ressources importantes de l'assistance publique dans ces riches cités industrielles permet un abus des plus pernicieux, en ce qu'elles empêchent positivement l'élévation rationnelle des salaires par une sorte de concurrence déloyale. En effet, les chefs d'industrie et les personnes à qui appartient l'influence, ont une extrême facilité à tolérer des salaires ignobles, parce qu'ils savent parfaitement que ces salaires auront un supplément régulier dans l'assistance publique. D'autre part, et pour la même raison, les ouvriers acceptent avec la même facilité ces salaires dégradants. Ils savent que l'assistance publique y ajoutera chaque semaine, en pain, en charbon et en divers genres de secours ce qui leur est à peu près nécessaire pour vivre.

Ainsi s'entretient et se perpétue une situation déplorable pour tous, pour les patrons, s'il y réfléchissaient, autant que pour les ouvriers eux-mêmes. C'est en réalité du socialisme, mais du pire, du plus arbitraire, où ne règnent que la faveur et la grâce. Les bienfaits de cette assistance publique sont souvent distribués à des familles qui pourraient s'en passer; elles ont une certaine part d'instruction et d'éducation, de l'habileté et de l'intelligence, elles demandent, s'agitent et obtiennent; tandis que d'autres familles, privées des dernières lumières de l'intelligence et de l'activité morale, croupissent oubliées et méprisées dans un avilissement sans nom. Les unes ont une véritable rente au bureau de bienfaisance : pourquoi s'inquiéteraient-elles de prévoyance et d'assurance? Leur assurance est là. Et les autres, comment pourraient-elles s'élever jusqu'à l'idée d'une institution quelconque de prévoyance? Elles ne peuvent même pas atteindre au bureau de charité.

J'admets qu'on écarte ces deux classes de familles comme des exceptions malheureusement trop nombreuses : reste la moyenne générale de cette population industrielle qui trouve à grand'peine dans le travail quotidien le juste aliment de l'heure présente. On conseille à ces hommes de retenir un sou pour s'assurer contre les accidents, un autre sou pour s'assurer contre la maladie, un autre sou encore pour s'assurer contre les menaces d'une vieillesse qui vient vite. Voilà bien des sous ! Et il n'en faut pas un de moins. Ils sont exposés beaucoup plus que les hommes des autres classes de la société à trois ou quatre espèces de misères, contre lesquelles ils ont besoin d'autant de formes d'assurances. De tous les côtés les risques de la vie les assaillent avec un acharnement redoublé et ils n'ont presque pas de force de résistance à leur opposer. Ayez donc au moins trois caisses d'assurances, trois budgets de prévoyance familiale, alimentés p trois cotisations, et c'est un principe dont il ne faut pas vous départir : jamais un virement d'une caisse à l'autre, ou tout est perdu ! Si vous prenez sur la caisse de la vieillesse pour soulager ces malades, parce que la caisse de la maladie est vide, vous ne sauvez ces malheureux qu'en leur servant à la hâte le pain de leur vieillesse prochaine.

On marche cependant à travers ce tissu de contradictions et l'on se flatte d'arriver à une sécurité relative, mais que le travail manque pendant quelques jours, aussitôt le service des cotisations hebdomadaires ou mensuelles s'arrête, les trois caisses d'assurance voient baisser leur niveau, tous les calculs de la science sont déjoués. D'où la nécessité d'une quatrième assurance, qui, celle-ci au moins, sera la bonne et la vraie assurance, la condition et la base des trois autres, l'assurance des assurances! C'est l'assurance contre le chômage, dont la vertu originelle et infaillible doit être de procurer à l'ouvrier le moyen de continuer régulièrement les versements nécessaires à l'entretien de tout le système. Aussi l'on a dit de cette invention merveilleuse que c'était la *pierre angulaire* de l'assurance ouvrière.

Mais il n'y a, en vérité, et il ne peut y avoir qu'une pierre angulaire en l'encoignure de l'édifice économique, c'est le travail; il ne peut y avoir qu'un soutien, qu'un soubassement, qu'un contrefort, qu'une colonne de granit et de ciment Vicat, c'est le travail; et si cela manque tout manque, tout s'écroule, l'avenir sens dessus dessous tombe dans le vide du présent et les ruines de l'assurance achèvent d'écraser sous leur poids accumulé les débris épars du salaire!

Ainsi, il n'y a positivement qu'un moyen de

résoudre la question, c'est d'avoir du travail pour tous, avec suite et régularité, un travail qui produise tout son effet légitime et nécessaire, c'est-à-dire équivalant amplement à sa dépense.

La dépense comprend tout ce qu'il faut pour former l'enfant et le jeune homme, matériellement et moralement, depuis sa première origine latente et inconnue, l'allaitement, l'apprentissage, l'éducation ; puis tout ce qu'il faut pour son entretien et son renouvellement pendant la période de travail, pour son soulagement et sa guérison pendant ses accidents et ses maladies ; puis tout ce qu'il faut encore pour l'alimentation honorable de l'existence usée dans les labeurs de l'âge mûr.

Édification, conservation, réparation et reproduction du vivant mécanisme, de la sublime force de travail, faite de conscience, de raison et de volonté encore plus que de muscles, de sang et de nerfs : voilà la dépense ; et le produit du travail doit fournir amplement à cette dépense entière, qu'il importe de considérer en chacune de ses parties, si l'on veut avoir tous les éléments du problème.

Quand ce problème sera résolu, alors seulement on pourra commencer à raisonner sur la meilleure organisation d'une société libre; alors vous saluerez dans sa gloire l'individu humain, le citoyen de la civilisation moderne; mais jusqu'alors vous êtes en plein socialisme et archi-socialisme.

III

C'est en Suisse qu'ont été entrepris les premiers essais d'une assurance régulière contre le chômage. Les hivers de 1891, de 1892, de 1893, avaient été extrêmement pénibles pour la plupart des industries, entre autres pour celle du bâtiment. L'État et les particuliers étaient venus en aide, par des souscriptions périodiques, aux ouvriers sans ouvrage. C'est alors que des ouvriers de Berne, afin de se soustraire à l'humiliation de recourir chaque hiver à la générosité d'autrui, eurent l'idée de s'aider eux-mêmes par le moyen d'une assurance. Le conseil municipal et le Grand Conseil s'avisèrent de leur côté qu'il était temps de pourvoir par une loi à une situation qui présentait le caractère d'une périodicité aussi nettement marquée.

On se mit donc en devoir d'instituer, auprès du bureau de renseignements sur le travail, une caisse d'assurances contre le chômage. L'administration de cet établissement était confiée à un préposé qui recevait un traitement fixe; on lui adjoignait divers employés, notamment une femme pour s'occuper des ouvrières. La caisse d'assurances est alimentée : 1° par les cotisations des ouvriers qui s'inscrivent volontairement et sans aucune espèce d'obligation; ils versent 40 ou 50 centimes tous les mois; 2° par les cotisations des patrons, surtout des entrepreneurs de bâtisse; 3° par une subvention de la commune, portée à 5,000 francs; 4° par des dons particuliers, qui ont atteint dans l'hiver de 1894-1895 la somme de 3,500 francs.

Lorsque les chômages commencent, l'administration de la caisse, d'accord avec les autorités, cherche d'abord du travail; si elle n'en trouve pas, au bout de huit jours, elle accorde aux ouvriers en chômage 1 franc par tête et par jour s'ils sont célibataires, 1 fr. 50 s'ils sont mariés. Mais nul n'a droit à cette subvention s'il n'appartient à la caisse d puis six mois au moins et s'il n'a rempli régulièrement toutes les obligations de la société. Le chômage pour inconduite, pour contestation sur le prix du travail ou pour tout autre motif plus ou moins plausible, ne donne aucun droit à l'indemnité.

Cette institution a été établie pour une expérience de deux années : à la fin de 1894 on ne comptait guère que 350 membres actifs parmi les ouvriers; 216 d'entre eux avaient été secourus; les cotisations ouvrières s'étaient élevées à environ 1,124 francs; elles représentaient assez exactement les frais d'administration de la caisse. On voit par ces quelques traits que l'initiative de Berne a produit peu de résultats. Les sociétaires demandent que l'indemnité soit portée pour les célibataires à 1 fr. 50 et pour les hommes mariés à 2 francs. On se propose de leur aménager dans le bureau de travail une chambre où ils pourront se chauffer. On a adressé un nouvel appel à la charité publique et on en a obtenu 1,000 francs.

Ainsi, jusqu'à ce moment, la différence est bien faible entre une pareille société d'assurance contre le chômage et une pure et simple institution d'assistance et de charité publiques. Les subsides de l'État sont cinq fois plus considérables que les mises des sociétaires et les appels à la bienfaisance des classes aisées se multiplient tout autant que les années précédentes.

On a pensé que l'assurance obligatoire donnerait des résultats meilleurs que l'assurance volontaire : le canton de Bâle-Ville et le canton de Saint-Gall se sont décidés à entrer dans la voie de l'obligation.

Le Grand Conseil du canton de Saint-Gall a autorisé les communes à créer une caisse d'assurance obligatoire intercommunale : les trois communes de Saint-Gall, de Tablat et de Straubenzell ont entrepris de se mettre d'accord pour en faire l'expérience à frais communs. Leurs négociations n'ont pas abouti : deux communes se sont retirées de la société avant même qu'elle fût organisée.

Voici quelques extraits, à titre de document, du projet de loi du canton de Saint-Gall, en date du 24 avril 1894, qui a été voté par le Grand Conseil le 24 mai de la même année :

Le Grand Conseil du canton de Saint-Gall, désireux de faciliter aux communes la création de l'assurance obligatoire contre les suites du chômage, ordonne ce qui suit :

ARTICLE PREMIER. — Les communes sont autorisées, soit

pour elles seules, soit d'accord avec d'autres communes, en vertu de résolutions des conseils municipaux, à prescrire l'assurance obligatoire contre les suites du chômage, dans la limite des dispositions qui suivent, pour un temps déterminé ou indéterminé.

Art. 2. — La caisse d'assurance contre le chômage existe, comme administration autonome, sous la direction ou la surveillance du conseil municipal, ou, dans le cas où plusieurs communes se sont entendues pour la fondation d'une caisse de ce genre, sous la surveillance de tous les conseils municipaux.

Art. 3. — La participation à l'assurance est obligatoire pour tous les salariés du sexe masculin dont le salaire moyen n'excède pas 5 francs par jour.

Les hommes qui gagnent davantage peuvent adhérer librement à la caisse d'assurance obligatoire, avec les mêmes droits et les mêmes devoirs que les autres membres. Néanmoins, les personnes qui font partie d'une association libre d'assurance, ou qui sont en droit de retirer d'une association de ce genre, en cas de chômage, un secours au moins égal à celui qui est assuré par l'association d'assurance obligatoire, peuvent être, si elles le désirent, et si elles fournissent les justifications exigées, déliées de l'obligation d'entrer dans une association obligatoire d'assurance.

Les statuts d'une association obligatoire décideront, selon les circonstances, si les femmes peuvent ou même doivent obligatoirement faire partie de l'association.

Art. 4. — ..... Les secours pendant la durée du chômage ne seront alloués aux membres de l'association que s'ils sont sans travail, sans qu'il y ait de leur faute, tout en étant d'ailleurs capables de travailler, et si on ne peut leur assurer aucun travail auquel ils soient propres, en ce qui concerne leur métier ou leurs forces.

Pour être apte à toute l'indemnité, il faut avoir, pendant six mois au moins, sans interruption, payé l'apport statutaire; pour les étrangers, on peut prolonger le délai.

L'indemnité de chômage sera au moins de 1 franc par jour. Le chômage pendant moins de cinq jours consécutifs ne donnera droit à aucune indemnité. On ne pourra verser au même associé, dans le courant d'une année, d'indemnités de secours que pendant dix semaines ou 60 jours au plus.....

ART. 7. — Les ouvriers salariés qui sont obligés de participer à une association obligatoire d'assurance et qui se refusent, au mépris d'une requête qui leur avait été notifiée, et bien que leur solvabilité ait été constatée, à payer la contribution statutaire, seront passibles par le conseil municipal d'une amende de 3 à 25 francs, et en cas de non paiement de l'amende, de un à cinq jours de prison.

Quand le paiement de la cotisation est refusé, après l'application de la peine, ou quand, depuis le paiement de la première cotisation, il ne s'est pas encore écoulé six mois, l'ouvrier, au cas où il aurait besoin de secours par suite de chômage, est exclu de tout droit à l'assistance par la caisse d'assurance.

ART. 8. — Un associé qui s'est procuré par de fausses déclarations des secours, est obligé de les restituer et perd tout droit d'assistance pour l'année courante. En outre, il sera pénalement responsable de sa fraude.

ART. 9. — Les difficultés qui résulteront de l'application de la présente loi seront tranchées par le conseil du gouvernement.

Les difficultés ont paru telles que Tablat et Straubenzell, comme nous l'avons dit, se sont hâtés de se retirer avant le commencement de l'expérience. On avait calculé que le déficit de la caisse pour les trois communes serait de 8,000 francs environ par année, le chômage prévu étant de 10 p. 100, soit 510 ouvriers sans travail sur 5,100. Les agriculteurs de Tablat et de Straubenzell ont fait une vive opposition au projet, convaincus qu'il ne profiterait qu'aux ouvriers industriels du chef-lieu.

La commune de Saint-Gall, la plus riche, poursuit seule ce dessein d'assurance obligatoire dont elle a eu l'initiative, et qui a fait tant de bruit dans le monde; mais elle paraît loin encore d'avoir trouvé une solution effective d'un problème si ardu et si nouveau.

Le canton de Bâle-Ville s'est mis à l'œuvre à son tour; là aussi les derniers hivers avaient été marqués par des crises périodiques de chômage. La charité privée et publique s'était efforcée d'y remédier par des souscriptions répétées. Le conseil de gouvernement avait excité le zèle de la bourgeoisie. Il s'était placé lui-même à la tête des comités de secours. Mais il considéra, après le dur hiver de 1892-1893, qu'on ne pouvait pas en appeler ainsi tous les ans à la bienfaisance des particuliers, que ce système présentait des inconvénients matériels et moraux de plusieurs genres pour la sécurité et la dignité du pays, et qu'il fallait enfin pourvoir par des mesures législatives à un désordre qui prenait tous les caractères d'une véritable maladie chronique de l'organisme économique et social.

Il chargea M. le professeur G. Adler de se livrer à une étude approfondie de la question et de préparer les principaux éléments d'un projet, que nous appellerons une ordonnance ou une recette contre le mal de chômage.

Le gouvernement et le savant étaient d'autant plus encouragés dans leurs recherches qu'un certain nombre de cercles ouvriers, à Bâle comme à Berne, manifestaient hautement la volonté de s'entr'aider eux-mêmes par l'application des principes de l'association et de l'assurance mutuelle. Ils étaient, disaient-ils, fatigués de recourir chaque hiver à la charité, d'ailleurs toujours insuffisante, de leurs concitoyens et de l'État. Si cette pensée courageuse trouvait des moyens pratiques de réalisation; si les travailleurs parvenaient à se tirer d'affaire eux-mêmes, par l'exercice de leurs facultés d'initiative et de prévoyance, ce serait là sans nul doute le vrai remède, la vraie méthode d'hygiène prophylactique.

Mais, nous l'avons dit aussi, dans l'état actuel de l'Europe et du monde, et dans l'organisation si défectueuse du travail à la fin du XIXe siècle, les travailleurs sont encore bien mal outillés pour se protéger par leurs propres ressources contre le fléau du chômage.

D'une part, ce fléau, cette contagion peut dépendre des causes les plus lointaines et esl plus diverses : elle s'abat sur un village de l'Argovie, sur une industrie de la Flandre ou de la Bourgogne parce que des modifications économiques et politiques se sont introduites un beau ruoj dans des contrées inconnues, appartenant à un autre hémisphère; ou parce que la mécanique et la chimie ont découvert dans le secret de leurs laboratoires et de leurs ateliers de nouvelles combinaisons et de nouveaux agencements. D'une autre part, les familles de travailleurs tirent de leurs journées un produit si médiocre qu'elles suffisent difficilement à leur entretien journalier : il leur est bien plus difficile encore de parer à un phénomène économique qui affecte des allures constantes et générales, comme si c'était un phénomène de la nature, et qui peut venir les frapper du bout du monde.

De tout cela, et d'autres causes encore, s'est formé ce socialisme du XIXe siècle, qui ne ressemble que très relativement à ce qu'il pouvait y avoir de socialisme dans les époques antérieures, et de là même est née, comme nous l'avons remarqué plus haut, la pensée que des lois étaient nécessaires pour parer aux conséquences d'une situation devenue constante et normale en son irrégularité même.

Le rapport du professeur-docteur G. Adler, qui a fourni les traits principaux du projet de loi de Bâle, pose le principe de l'obligation comme le fondement indispensable d'une organisation d'assurance contre le chômage. Ceux qui ne seraient pas assurés partageraient en effet, avec leurs camarades plus prudents, les risques du chômage ; on ne pourrait pas les abandonner dans le besoin, on serait obligé de les aider pour remplir le devoir inéluctable de solidarité sociale et dans l'intérêt de l'État tout entier : il faudrait donc encore une fois s'adresser à la charité publique, ce que l'on voulait précisément éviter.

En outre, si des pères de famille ont négligé de s'assurer, les femmes et les enfants tombent à la charge de la commune et sont les victimes d'une misère intolérable pour tout le public. Ces actes d'imprévoyance sont devenus aujourd'hui un mal, non seulement pour leurs auteurs et pour les personnes qui en souffrent directement, mais pour la cité elle-même, pour l'industrie et le bon ordre de la république, lorsque ces malheureuses familles pâtissent en un certain nombre et toutes en même temps, par suite de circonstances générales économiques et climatériques, dont ils ne sont évidemment pas responsables. Le système d'assurance contre le chômage est détruit par la base, et tous les heureux effets qu'on en attendait sont perdus. Pour toutes ces raisons, le professeur Adler établit qu'une assurance de cette nature doit être obligatoire ou il n'y a pas d'assurance.

Mais comme on ne voulait pas en faire l'essai pour toutes les professions à la fois, on décida de limiter d'abord l'obligation aux industries du bâtiment et aux fabriques, déjà visées par la législation industrielle, qui sont le plus exposées au chômage.

Le projet de loi de Bâle-Ville, actuellement en discussion devant le Grand Conseil, est beaucoup plus détaillé que la loi de Saint-Gall. Nous en donnerons un aperçu. L'obligation, dans les limites que nous avons indiquées, commence à quatorze ans pour tous les travailleurs suisses du bâtiment et des fabriques; elle ne s'étend pas aux ouvriers dont le salaire annuel atteint 2,000 francs, ni aux apprentis âgés de moins de dix-huit ans, qui toucheraient un salaire annuel inférieur à 200 francs. Les assurés sont répartis, pour le paiement de leurs cotisations ou primes, en deux catégories, divisées elles-mêmes en trois classes. La première catégorie comprend ceux des fabriques; la seconde, ceux du bâtiment, maçons et terrassiers. Dans chaque catégorie, la première classe comprend les ouvriers qui gagnent par semaine 15 francs et moins, la seconde classe, ceux qui gagnent de 15 à 24 francs, la troisième classe, ceux qui gagnent 24 francs et davantage. La prime à payer est calculée non seulement d'après ces salaires, mais d'après les risques éventuels de chômage, ces risques étant moindres pour les fabriques que pour le bâtiment. Ainsi elle est de 20 centimes par semaine

(10 fr. 40 par an) pour la première classe de la première catégorie, et de 60 centimes par semaine (31 fr. 20 par an) pour la troisième classe de la deuxième catégorie. Elle est évaluée au *maximum* à 2,5 p. 100 du salaire.

La contribution du patron est de 10 centimes par semaine pour chaque assuré de la première catégorie, de 20 centimes pour chaque assuré de la seconde. L'État prend à sa charge les frais d'administration, il accorde en outre à la caisse une subvention annuelle de 25,000 francs.

Le projet énumère, avec beaucoup de soin, les divers cas dans lesquels l'assuré perd son droit à l'indemnité ; lorsque le chômage est la conséquence d'une dispute avec le patron au sujet du salaire; lorsque le travailleur quitte volontairement sa place; lorsqu'il a été renvoyé pour un acte qui, d'après les dispositions du code des fabriques, autorise le patron à le congédier immédiatement; lorsqu'il refuse sans motif valable le travail qui lui est offert, etc...

Les indemnités varient entre 80 centimes et 2 francs; elles sont graduées, comme les primes, suivant les catégories et les classes. Ainsi le célibataire, la femme mariée et le veuf ou la veuve n'ayant pas d'enfants au-dessous de quatorze ans, reçoivent de 80 centimes à 1 franc. Le veuf ou la veuve ayant des enfants âgés de moins de quatorze ans, l'homme marié, s'il n'a pas d'enfants ou s'il n'en a qu'un, de moins de quatorze ans, reçoivent de 1 fr. 20 à 1 fr. 50. L'homme marié qui a plusieurs enfants au-dessous de quatorze ans touche de 1 fr. 50 à 2 francs. L'indemnité payée à l'homme marié est réduite si sa femme gagne aussi sa vie, ou si elle est elle-même secourue par la caisse d'assurance. Ces indemnités sont payées pendant quatre-vingt-dix jours par an, au maximum, tandis qu'elle est de soixante jours seulement dans la loi de Saint-Gall.

Nous abrégeons, mais on voit par les principaux traits de ce système que la loi bâloise s'est efforcée de tenir compte de tous les éléments de la question ; elle est jusqu'à présent l'essai le plus complet et le plus rationnel qui ait été présenté d'une institution d'assurance contre le chômage, et tous ceux qui voudront organiser quelque établissement de ce genre dans leur pays feront bien de se reporter d'abord au projet de Bâle et aux principes établis par le professeur Adler.

On remarque que les primes sont relativement élevées et les indemnités relativement basses; c'est que les calculs ont été faits intentionnellement, d'après la moyenne du plus large chômage probable. On compte qu'il y avait généralement 20 p. 100 d'ouvriers sans travail, soit 1,800 sur 9,000 assurés; mais on espère que l'expérience sera plus favorable, en sorte qu'il sera possible de diminuer bientôt les primes. On se garderait, en tout cas, d'augmenter les indemnités, car c'est encore un des principes de cette organisation que les indemnités doivent toujours rester au taux minimum; autrement elles engendreraient des abus et deviendraient un encouragement au chômage.

Bien d'autres questions naissent en foule autour de la question principale, que nous ne pouvons pas énumérer ici, et encore moins discuter. Il semble que la méthode d'assurance soit sans fin et qu'une assurance en appelle toujours une autre. Ainsi l'assurance contre le chômage est la garantie de toutes les assurances contre les accidents, contre la maladie, contre la vieillesse, la garantie dernière et fondamentale, à ce que l'on a pensé d'abord. Mais c'est certainement une erreur, elle demande comme les autres à être garantie à son tour. L'homme, en définitive, patron, ouvrier, n'a d'autre garantie que le travail et l'instruction.

On a remarqué qu'un certain nombre parmi les assurés contre le chômage pourraient ne jamais toucher et payer toujours, et ce seraient les plus heureux, étant ceux qui ne chômeraient jamais. Il y en aura d'autres qui ne toucheront presque rien et qui paieront longtemps et beaucoup. Un sentiment de solidarité très développé leur ferait sans doute estimer leur bonne chance à sa valeur et ne leur laisserait aucun regret sur leurs primes perdues pour eux, mais utilisées pour les autres.

Cette compensation toute morale ne suffit pas : on a pensé qu'il serait bon de greffer sur l'institution d'assurance contre le chômage les autres formes diverses d'assurances contre les conséquences de la maladie, des accidents ou de la mort; les plus favorisés du sort, les moins frappés par le fléau du chômage dans la lutte du travail, retrouveraient ainsi leurs primes d'une manière ou d'une autre; mais c'est là toute une nouvelle série de problèmes, à peine étudiés, et que les gens de métier n'ont pas encore approfondis. La science de la prévoyance n'est qu'à ses premiers commencements, elle pourra élever dans les démocraties instruites, libres et pacifiques, pénétrées des sentiments de la solidarité et de la justice, des monuments admirables, dont nous posons à peine les assises informes et caduques. Mais, quels que soient les perfectionnements de l'avenir, il y aura dans de tels systèmes une grande part d'empirisme et d'illusion : la vraie assurance est et sera toujours celle que nous avons dite : la possession de soi-même et le gouvernement de la vie par le travail matériel, intellectuel et moral, source unique de tous les progrès, condition de la liberté et de la vertu.

Le travail manque continuellement à un grand nombre d'hommes, qui n'en trouvent ni la quantité dont ils auraient besoin ni la qualité qui conviendrait à leurs facultés ; il manque périodiquement à un grand nombre d'autres : ce n'est pas un paradoxe de soutenir qu'à cette situation même il n'y a de remède que dans le travail d'une société toujours à la recherche du mieux, qui s'efforce de répandre de plus en plus l'instruction et la lumière parmi tous ses membres et qui permet à la science, par une liberté entière, de trouver les solutions successives de tous les problèmes que le temps ne cessera jamais d'apporter avec lui.

IV

Le professeur M. Raoul Jay, d'un esprit si ouvert et si libre, a le premier publié dans notre pays une remarquable étude sur le système d'assurances inauguré à Saint-Gall. Un Congrès international s'est réuni l'année dernière à Milan pour examiner la question des accidents du travail et des assurances sociales. M. Eugène Rostand, l'infatigable promoteur des idées d'épargne et de retraite, a fait à ce congrès un exposé très complet des divers moyens par lesquels il est possible de remédier au chômage. Tout est dans tout sans doute. Assurances, bureaux de placement, maisons de travail, coopératives de production et de consommation, participation aux bénéfices, sociétés de secours mutuels, crédit populaire, entreprises de grands travaux publics, colonies agricoles, à la façon allemande, et même colonisation en grand et émigration dans les continents moins occupés : autant de moyens de procurer du travail aux ouvriers, autant de manières de procurer des secours ou du crédit, quand on n'a pas de travail à offrir.

Chacune de ces questions pourrait donner lieu à un volume. Elles ont été traitées dans de nombreuses publications. Nous les diviserons en deux classes principales. D'une part, les moyens qui ont pour objet de donner du travail aux ouvriers en chômage; d'autre part, ceux qui ont pour but de leur permettre d'attendre que le travail reprenne.

Entre ces deux genres de moyens, lequel faut-il préférer? Un grand nombre de personnes répondront de prime abord : « Il vaut mieux les divers moyens de donner du travail à ceux qui n'en ont pas. » Tels sont les travaux publics les plus simples et convenant presque à tout le monde, les maisons de travail, les colonies agricoles. Ces personnes cependant pourraient bien se tromper; il n'est point parfaitement sûr que « l'assistance par le travail », comme on l'a appelée, soit dans tous les cas préférable, économiquement et moralement, à un certain temps de chômage, dans un repos assuré.

Un travail artificiel et empirique, dont peut-être on ne pourra pas utiliser les résultats, dérangera toute l'économie du travail normal dans une commune, dans un pays. Si ce travail est fait au-dessous des prix ordinaires, c'est une exploitation à réprouver, s'il est fait au-dessus, c'est un danger de désertion pour les autres métiers. Il risque fort de ressembler à un travail forcé. La maison de travail sera souvent une prison ou un cloître. Presque toujours le travail sera mal fait, sans attention et sans soin. Il encombrera le marché de mauvais produits. Les bons produits en souffriront, perdront de leur valeur et se gâteront à leur tour. Tous les produits du travail ont une influence les uns sur les autres. Ils sont entre eux des occasions mutuelles de perfectionnement ou de dépérissement. Pour tout dire d'un mot : il y a des conditions de travail qu'on ne viole pas impunément. Elles sont en rapport avec la nature des choses, avec le caractère de l'homme et avec l'état de la société. Et si l'on veut créer par force du travail, quand le besoin ne s'en fait pas sentir, on s'expose à augmenter le trouble de la situation économique, au lieu de le diminuer.

Le travail, dans une société et dans un moment donnés, est un système de relations que les hommes ont entre eux et avec les éléments du monde extérieur. Ces relations sont déterminées par les besoins, par la force d'énergie morale et physique des hommes et par la force de résistance des choses. Elles sont soumises aux conditions générales de l'univers, aux conditions spéciales de cette partie de l'univers où elles s'exercent. Dans cet ensemble de relations, qui a ses lois et son harmonie, qui peut être considéré comme une sorte d'organisation vivante, si vous introduisez capricieusement et par contrainte une certaine quantité de travail inutile, de travail sans objet et sans raison, vous pouvez déranger gravement l'équilibre de tout le système.

Un grain de sable introduit dans les ressorts du plus puissant mécanisme peut en arrêter la marche, ou la ralentir ou faire éclater tout ce grand corps. Le chômage dont nous nous plaignons furieusement, que nous voulons empêcher à tout prix, a peut-être son utilité et son rôle dans l'économie générale du travail; peut-être est-il moins pernicieux que sa cessation et fait-il moins de tort, cause-t-il moins de peine et de tourment aux hommes et aux familles qu'il tourmente le plus, que s'il cessait tout d'un coup et pour toujours. Nous prenons souvent des biens pour des maux et des maux pour des biens. La science étroite est orgueilleuse et aveugle; les doctrinaires ont fait un mal immense dans le monde. Leurs combinaisons systématiques et leurs prétentions absolues ont causé plus de souffrances cachées, plus de dégâts et de désordres inexpliqués que les excès bruyants de la sédition et de l'anarchie. Peut-être le chômage le plus cuisant et le plus douloureux est-il quelquefois un bien relatif, un allègement et une douceur à ceux-là mêmes qu'il meurtrit et qui seraient encore plus souffrants et plus abîmés dans leur corps et dans leur conscience, si le chômage disparaissait entièrement.

La vraie science est modeste et patiente, elle est large en ses conceptions comme ce monde lui-même aux complications infinies, et le vrai médecin sait qu'il y a des maladies qu'il est dangereux de guérir. On les appelle des maladies : on s'irrite contre elles, parce que l'on n'a que des lumières bornées, une vertu débile et une langue qui manque totalement d'expression et de philosophie. Ces sortes de maux qu'il est dangereux de guérir brutalement sont des soupapes de sûreté, des issues salutaires, et si vous voulez les empêcher tout d'un coup, sans diplomatie et sans politique, si vous prétendez expulser tyranniquement ce prétendu mal du siège qu'il a choisi, vous ne faites que précipiter une invasion qui se répand dans tout l'organisme avec un redoublement de fureur.

Plusieurs n'ont reconquis que dans la maladie leur liberté morale et ont découvert leur génie. Plusieurs n'ont goûté que dans le chômage même involontaire, même forcé, le charme de s'appartenir à soi-même et les douceurs de la famille, de la paternité et de la fraternité. Ils n'auraient jamais pensé qu'ils pouvaient se les permettre, s'ils n'y avaient été obligés par la nécessité des choses. Ils auraient travaillé jusqu'au bout, au détriment de leur santé et de la santé de leurs enfants. Les grands chômages sont peut-être les mystérieux réservoirs où fermentent les générations de l'avenir, où se préparent les éléments de la liberté du monde.

Nous plaçons absolument hors de la question les chômages qui seraient entretenus par des manœuvres et des artifices politiques : nous ne pouvons pas raisonner sur ce jeu cruel.

Restons dans le domaine économique : il y a chômage et chômage : on le distingue ordinairement en chômage volontaire et en chômage forcé, l'un méritant la réprobation, l'autre, seul digne d'être secouru. Quant au chômage du dimanche et des jours de fête, c'est un repos, un loisir régulier et nécessaire. Alors même qu'il s'agit de grands chômages, comprenant une multitude d'hommes et s'étendant sur une période de temps indéterminé, il n'est pas certain que ces chômages n'aient pas aussi leur régularité et leur légitimité. Les définir à première vue, dire s'ils sont forcés ou s'ils sont volontaires, n'est pas aussi simple que le pensent les économistes. Les travailleurs quels qu'ils soient, manuels ou intellectuels, n'ont pas toujours raison, il s'en faut grandement, d'accepter, à toutes conditions, un travail avili, comme les entrepreneurs, dans leur intérêt propre, n'ont pas raison de faire au travail des conditions qui le déshonorent et le dessèchent. Un chômage honorable et courageusement supporté, avec son cortège de privations, vaut mieux qu'un travail dégradé.

Les ouvriers de la littérature, de la presse et des arts dits libéraux, sont assez souvent en ces questions moins prévoyants que les terrassiers et les maçons. Ils travaillent à tout prix, perdant le présent avec l'avenir, et ruinent une profession qui devrait être la première et devient la dernière; ils sont alors justement méprisés, non seulement par leurs entrepreneurs, mais par les hommes courageux des métiers les plus bas, qui, eux, connaissent au moins la force de l'association et les suspensions légitimes de travail. Pour reprendre leur liberté sur les manieurs d'argent et leur vraie place dans le monde, pour relever leur noble métier, ils devraient seulement avoir la grandeur d'âme d'échanger leur redingote râpée contre un sarreau de toile bleue et se mettre d'un commun accord en chômage. Les hommes de lettres ont divers genres d'héroïsme, mais ils n'ont pas celui-là : les sabots et la blouse dépassent la capacité de leur fierté. Mourir pour une idée n'est rien, mais il faut tomber avec un foulard de soie, un jonc à pomme d'or dans la main.

Le chômage où l'on se réfugie volontairement, non point parce que le travail manque d'une manière absolue, mais parce que le travail offert l'est à des conditions inacceptables, est-ce un chômage volontaire ou un chômage forcé ? On ne dira pas qu'il faut accepter pour vivre toute tâche, quelle qu'elle puisse être, fût-ce contre la morale, contre l'honneur, contre la patrie. Cette répulsion instinctive pour un indigne travail a été la mère de vertus magnanimes et de sacrifices admirés dans la suite de tous les siècles. Un travail peut avoir ce caractère, non point seulement par l'objet même où il s'applique, mais par les conditions et circonstances dans lesquelles il s'exerce. Tout travail peut devenir, par le seul effet de ces conditions et circonstances, une félonie et une trahison envers tes collègues, envers tes camarades, envers ta classe, envers la société à laquelle tu appartiens, envers toi-même, travailleur de l'intelligence ou des bras, de la plume ou du marteau, si tu le fais pour des conditions inavouables, et si d'homme libre tu te rends esclave. Contre un morceau de pain, tu échanges tout ce qui vaut la peine de vivre. *Et propter vitam vivendi perdere causas.*

Ne sais-tu donc pas mourir? Est-ce si difficile? Mais il y a fort à parier que tu ne mourras pas, tu te sauveras au contraire par ton refus. Tu sauveras l'honneur du travail humain. L'honneur du travail : tout est là, moralement et économiquement parlant. Un travail honoré, respecté et aimé, parce qu'il est respecté, vaut dix fois plus qu'un travail abaissé et flétri. L'honneur du travail varie avec les temps et les lieux. Cet honneur grandit, se clarifie et s'épure singulièrement à notre époque. Le travail devient plus fier et plus susceptible; il gagne chaque jour en amour-propre et en dignité, tant mieux. Faire un travail honorable, où l'on met sans compter son énergie et son âme, ô joie de l'homme! Il se développe ainsi lui-même, se réalise et se proclame dans ses créations, dans les produits de son énergie d'homme. Il vit doublement, il se multiplie dans ses œuvres. Peut-être bien ne travaille-t-il pas pour un salaire d'argent : il travaille alors pour un salaire plus haut, et dont il est seul à savoir le prix. A chacun son salaire, suivant son état, et suivant la distinction et l'élévation de ses pensées. Toujours est-il qu'il s'agit de faire un travail honoré. Chacun a son honneur. Mais il faut que cet honneur soit satisfait. L'union de l'homme avec le travail, union sacrée et féconde entre toutes, ineffable volupté de l'être pensant ; à une condition, c'est que ce soit un travail d'honneur et que l'on soit fier de s'y livrer tout entier, d'y mettre sa volonté, son art et tout son amour, qui ne peuvent y être qu'à cette condition. Si le travail est ignoble, sans moralité et sans vertu, vous réalisez le supplice dégoûtant de l'union de l'homme avec un cadavre.

Le travail humain n'est pas une corvée quelconque, un acte dépourvu de caractère et de conscience ; le travail vit de liberté et de vertu, ou, si l'on préfère cette expression, d'honneur. Il doit avoir pour objet le bien et le mieux, et, s'il n'a pas cet objet, il ne vit plus, il ne progresse plus, il est mort.

Déshonorer le travail, lui ôter son prix et sa dignité, c'est tuer le travail. Le flétrir ou le laisser flétrir dans ses mains, quand on peut l'empêcher, c'est un crime social et une sorte de parricide.

Et pour empêcher qu'il ne soit flétri dans tes mains, dans toute la mesure où tu le possèdes, avec ta complicité et ta connivence, homme travailleur, qui que tu sois, travailleur de la pensée ou de la matière, le parti à prendre est bien simple : tu n'as qu'à ouvrir les mains, à laisser tomber la plume ou le marteau. Il suffit de t'abstenir et de dormir. Le travail au moins ne sera pas déshonoré en toi. Par ton abnégation et ton abstinence, tu le sauveras autant qu'il dépend de ton pouvoir, tu lui conserveras son intégrité et sa valeur. Tu n'aideras pas à souiller les sources profondes où doit s'abreuver l'humanité de tous les temps. Tu n'as qu'à surmonter l'âpre tourment de ta soif pour aujourd'hui. Ne bois pas. Ne mange pas. Dors. Dors au pied d'un arbre si tu n'as pas de maison. Tu retrouveras pure et rafraîchie la source de l'énergie à ton réveil. Et si tu ne te réveilles pas, la bonne nature t'ensevelira sous la montée fleurissante des herbes printanières et, comme elle ne perd rien, elle fera entrer ton humble sacrifice dans l'élaboration de ses plans d'avenir.

Certes le travail, tel que nous le voyons aujourd'hui, est relevé de bien des turpitudes, des hontes, des misères, des dégradations dont il a été affligé pendant un temps immémorial. Il commence à exister réellement, à s'exercer dans des conditions qui lui permettent de respirer et de vivre. Il opère chaque jour la conquête de son intégrité et de sa vraie valeur morale. Il est trop fort désormais pour qu'on le ramène aux galères. Il contient de plus en plus des éléments importants de liberté, de progrès et de vertu, qui font sa vie et son mouvement. Il marche à pas de géant, et, partout où il passe, le monde est transformé.

Il a encore des ennemis redoutables, qui, tous, se réunissent sous un seul nom, l'ignorance. C'est l'ignorance des lois du travail, de sa vraie nature, de son unité organique, de son essence morale, qui s'identifie avec la conscience de l'homme lui-même, c'est cette ignorance si fréquente chez ceux qui se croient les maîtres, les dispensateurs et les propriétaires du travail, qui cause dans notre société industrielle des maux innombrables.

Ces maîtres philosophes définissent le travail suivant les convenances de leur doctrine empirique; ils le divisent et le subdivisent d'après les calculs incertains de leur intérêt aveugle et transitoire; ils arrachent le travail de son fondement qui est le cœur de l'homme, ils en expriment toute la vertu et la vie, le dépouillent de son caractère, le violent, le stérilisent, le coupent et le découpent suivant les vues *a priori* de leur doctrine subjective qui n'est que la doctrine de l'égoïsme; et, quand ils ont fait subir au travail ces traitements barbares et stupides, ils lui disent : marche ! — Et ils croient qu'il va marcher! Heureusement qu'il marche en effet, mais il marche à sa façon et non à la leur, il marche malgré eux, quoiqu'ils aient tout fait pour le tuer, il marche parce qu'il est la vie progressive de l'humanité consciente, tandis qu'ils avaient la prétention imbécile de le réduire à n'être qu'un procédé et un chiffre.

Ils ne savent pas ce que c'est que le travail : ils ne savent pas davantage ce que c'est que le chômage. Ils le décrètent d'accusation comme un ennemi public, ils ne se sont jamais demandé ce qu'il peut y avoir en lui de légitime et de nécessaire, et si le chômage n'est pas au travail ce que la nuit est au jour. Le chômage fait peut-être bien partie intégrante et essentielle du travail, comme un des anneaux de son évolution, en sorte qu'il n'y aurait pas de travail évolutif, transformiste et vivant, s'il n'y avait pas de chômage.

Comme nous avons gâté et perverti beaucoup de choses par notre ignorance des lois de la vie, par notre indiscrétion brouillonne et tapageuse, notre immodestie, notre infatuation enfantine, notre avidité intempérante de jouir et qui ne nous fait que souffrir, de nous enrichir à outrance et qui ne réussit qu'à nous appauvrir, nous avons en beaucoup de points et de circonstances excédé les limites du travail normal : quoi d'étonnant si nous avons pour compensation des chômages dans la même mesure que le travail a été outré et violemment forcé? Il faudrait corriger nos modes de travail d'abord, et nos modes de chômage se corrigeraient tout seuls. L'un suivrait l'autre.

Mais nous prétendons torturer, surchauffer, martyriser le travail en tous sens, et nous ne voulons pas permettre qu'il se redresse et se rectifie en des chômages compensateurs. C'est une double tyrannie à laquelle la force des choses ne se plie pas. Cette force des choses prend d'éclatantes revanches. Elle consent à nous céder dans un sens, mais à la condition expresse de se retrouver et de se reprendre dans l'autre sens. Si nous voulions, sans rien changer aux conditions du travail, supprimer ces chômages, que nous déclarons funestes, et si nous y parvenions pour un temps, nous ne ferions que préparer la formation de chômages encore plus considérables. Ces chômages augmenteraient en puissance autant qu'ils seraient retardés, et, le jour où ils éclateraient enfin d'une manière irrésistible, ils pourraient abîmer la société tout entière. Alors les usines s'écrouleraient d'elles-mêmes, sous la pression accumulée du travail. Les locomotives sauteraient en l'air avec leurs rails déracinés. Les générateurs de toute la force industrielle feraient explosion sous un effort suprême. L'immense machinisme de ce siècle poussé aux dernières extrémités de la tension, se briserait dans une de ces ruptures d'équilibre qui ébranlent le ciel et la terre. Ce sont les conditions du travail qui font le chômage, et ce chômage n'est pas pernicieux en soi.

Mais quoi? nous sommes à la recherche de mille moyens imaginaires pour corriger le chômage, en conservant tous les abus du travail : c'est la coutume universelle des hommes, il est vrai, de vouloir guérir leurs maladies et garder leurs passions.

V

On comprend que certaines associations de travailleurs aient prévu dans leurs statuts le chômage *volontaire*, dans la vraie acception de ce mot, c'est-à-dire le chômage par paresse, par fantaisie, ou par contestation arbitraire sur les prix généralement reçus; le chômage *involontaire*, celui qui résulte des crises industrielles locales ou générales, des révolutions de la mode ou des saisons, des transformations de l'industrie ou du commerce; et le *chômage par dignité*.

Celui-ci est sans doute plus difficile à apprécier que les autres. Chacun est juge de sa dignité. Chaque classe, chaque profession se fait une conception propre de la dignité qui lui appartient. Si le chômage par dignité est fondé sur un motif sérieux, qui engage l'honneur de la profession, il doit être rangé dans l'espèce du chômage involontaire ou forcé. C'est en effet une obligation aux individus de toute classe, d'obéir aux lois de l'honneur de leur classe. L'honneur de l'homme du monde est généralement fondé sur un préjugé : l'honneur du terrassier l'est généralement sur le taux d'un salaire.

Le chômage parfaitement volontaire, et que je supposerai dépourvu de tout motif plausible, d'un groupe de travailleurs, entraîne le chômage involontaire d'un groupe voisin. Dans une industrie, formée de plusieurs branches connexes, comme toutes nos grandes industries modernes, si les ouvriers d'une branche quittent le travail, leurs camarades de l'autre branche ne peuvent plus travailler. La grève voulue des uns, en dehors de toute entente préalable et par le simple jeu des ressorts industriels, fait la grève obligée des autres.

Il faut donc faire attention avant de caractériser le chômage : le condamner ou le justifier peut être une question également douteuse. Si les travailleurs avaient le moyen de vivre tranquillement, sans privations excessives, dans les temps de chômage, voulu ou non, ce serait un avantage pour tout le public. Mais la volonté, surtout quand elle est ignorante, est un élément effréné, qui se dérobe aux plus savants calculs de la prévoyance, et, en tout cas, prudente ou non, sage ou folle, une grève apparaissant avec les caractères de la délibération et du vote ne peut être directement à la charge que des grévistes eux-mêmes. Les associations ouvrières peuvent seules organiser les caisses de secours et d'assurances dont elles ont besoin pour soutenir leurs membres volontairement en grève; seules à savoir les motifs et les occasions de ces libres chômages, et juges de leur intérêt comme de leur dignité de classe.

C'est ce qu'elles font, en Angleterre, en Amérique, et même en France, dès qu'elles prennent de la force. Leurs caisses, alimentées par les cotisations régulières de vingt mille, de cinquante mille, de cent mille hommes et plus, deviennent des sujets d'administration considérables; les travailleurs apprennent ainsi le maniement des capitaux collectifs, les méthodes de comptabilité étendue; un grand nombre d'opérations financières, autrefois le secret des capitalistes, deviennent familières aux ouvriers des plus bas étages.

En 1892, trois cents Unions anglaises, comprenant 745,648 membres, avaient distribué en secours de chômage, distincts des secours de maladies et d'accidents, 9,674,325 francs. C'étaient des chômages individuels ou locaux, les grèves plus étendues avaient encore un autre budget. Toutes ces Unions anglaises ont des caisses puissantes et des règlements très étudiés pour venir en aide à leurs adhérents en chômage. La société des charpentiers et menuisiers donne 10 schellings (12 fr. 50) par semaine pendant les douze premières semaines, 6 schellings (7 fr. 50) pendant les douze semaines qui suivent. Les carrossiers donnent 18 schellings (22 fr. 50), tandis que les ouvriers de l'industrie textile n'en peuvent donner que 3 et une fraction, environ 4 fr. 35

Les sociétés de typographes, qui vivent journellement en contact avec les journaux et avec les livres sont en tout pays des modèles admirables d'associations ouvrières par leur modération et leur discipline. Nous les avons vues dans un autre chapitre pratiquant anciennement l'arbitrage. Partout, elles ont leurs caisses d'assurance mutuelle contre le chômage. La moralité de leurs statuts est supérieure. « Notre organisation contre le manque de travail, disent les typographes allemands, n'est pas une simple société d'assurance; les secours ne dépendent pas uniquement des versements, il faut y joindre une conduite irréprochable et la moralité professionnelle. » L'association des typographes suisses, fondée en 1858, a pour objet « de soutenir les principes de *liberté et de réciprocité*, de défendre les intérêts de ses membres, de favoriser *leur développement et leur culture intellectuels*... » Les membres qui auront quitté plusieurs fois à la légère « leur conditionnement », occasionnant ainsi des pertes à la caisse de secours, peuvent être, sur la proposition d'une section, privés de secours par le comité central, pendant une année. Les typographes français, qui possèdent parmi leurs administrateurs des hommes éminents, ont commencé à organiser des caisses, non seulement de secours, mais d'assurances. Cette profession a traversé de terribles épreuves; de plus graves l'attendent, des machines apparaissent déjà qui supprimeront la typographie manuelle, comme l'imprimerie a supprimé l'œuvre des anciens copistes. Des industries meurent tous les jours, d'autres naissent. Les typographes, abandonnant leurs casses inutiles, iront porter en des industries nouvelles et inédites, leur discipline excellente, leur politique et leur philosophie.

Les ouvriers cigariers de Bruxelles voient le chômage opérer dans leur association des ravages effrayants. Les ouvriers des provinces ont appris ce métier, ils le font plus mal, mais à vil prix; ils sont soutenus par des sociétés de charité excessivement riches et puissantes dans ce pays, et, grâce aux charités, ils se contentent des plus misérables salaires. Les cigariers bruxellois sont décimés par les coups aveugles de la bienfaisance rurale ; leur misère et leur perte sont l'œuvre immédiate de la piété champêtre. Le chômage qui était de 10 p. 100 il y a quelques années, s'élève aujourd'hui à plus de 30 p. 100. Ils peuvent cependant allouer encore des secours à leurs camarades sans travail. « Le règlement ne garantit une indemnité que pendant trois mois, dit un homme du pays, et voici bientôt trois ans que certains vivent aux frais de l'association. »

Une intéressante société de secours mutuels s'est fondée à Ixelles, en avril 1893, sous la dénomination de : *Les Travailleurs unis*. Elle a pour objet principal « d'assurer des secours temporaires à ses membres en cas de chômage forcé, pour toute autre cause que la maladie ou l'accident; et ce, en vue de leur permettre d'effectuer régulièrement leurs paiements périodiques dus pour la construction ou l'achat d'une habitation. » L'indemnité est égale pour tous les membres. Elle est versée, en cas de chômage, par les soins du conseil d'administration, non entre les mains du chômeur, mais à la société ou à la personne créancière qui a construit, loué ou vendu l'habitation.

La loi relative aux habitations à bon marché, que nous venons de faire en France, met cette question à l'ordre du jour chez nous; car il est évident que la permanence du salaire doit être le premier fondement de l'opération, et que c'est une chimère, une pétition de principe, si on pense édifier la maison ouvrière sur le produit incertain d'un travail qui n'a jamais une semaine assurée.

Il paraît que des essais sont faits en Allemagne

par des sociétés particulières, en vue d'assurer les ouvriers et employés contre la perte de leur travail ou de leur emploi dans les administrations publiques, l'industrie ou le commerce. Les assurés verseraient en signant la police d'assurance 3 p. 100 de leur traitement ou de leurs salaires éventuels pendant l'année, plus une prime de 2 p. 100 par mois; moyennant quoi ils recevraient 60 p. 100 de leurs émoluments pendant les six mois après la perte de leur place. Ce sont là des entreprises de finance ou de jeu, qui sortent de l'ordre de considérations où nous nous tenons, et il n'est pas bien sûr que ces sociétés aient d'abord pensé à assurer leurs propres employés et serviteurs contre la perte de leur emploi dans les services de cette administration ingénieuse.

On conçoit deux modes d'assurances contre le chômage : ou les associations ouvrières créent et administrent elles-mêmes leurs caisses comme le font déjà un grand nombre d'entre elles, ainsi que nous venons de le voir, en Europe et en Amérique, ou les assurances sont constituées par la coopération des communes, des ouvriers et des patrons, d'après le système nouveau, originaire de Suisse. A la place des communes, on peut mettre l'État ou les deux ensemble. Il s'agit toujours d'une institution mixte, dans laquelle trois initiatives et trois responsabilités s'unissent pour une action commune, les ouvriers, les patrons et le pouvoir, ou, comme on disait autrefois, le Souverain. Chacun de ces systèmes a son caractère, ses effets, ses avantages, ses inconvénients.

Les caisses exclusivement ouvrières seraient généralement des machines de combat et de guerre pour soutenir des suspensions concertées de travail, organiser des chômages collectifs et des grèves, en vue d'améliorer les prix et les autres diverses conditions du travail. Dans ce système les travailleurs exercent leur pleine liberté syndicale, sans mélange d'aucune intervention étrangère. Ils ont toute l'initiative comme toute la charge. Leur éducation économique et politique se fait par le maniement quotidien des plus grandes affaires et par l'administration d'intérêts considérables; les chefs d'industrie, les hauts administrateurs, même les hommes d'État n'ont guère de sujets plus importants, d'occasions plus complexes et plus délicates d'exercer leurs facultés, de développer leur énergie morale et de parfaire leur éducation d'hommes publics, que ces organisateurs ouvriers des grands syndicats modernes, qui donnent le mot d'ordre à des armées et qui administrent des caisses d'assurance et de prévoyance contenant des millions, formés au jour le jour par des taxes de capitations et par des impôts établis sur les revenus de tout un peuple.

Les particuliers les plus influents, les patrons et directeurs de grands magasins, les membres épars des divers professions et métiers, sont de bien petits personnages, sans vues et sans horizon, à côté de ces puissances. Ce que cela donnera plus tard, les fils de nos fils le sauront. Mais il apparaît que les plus grands syndicats sont les plus pacifiques, quand ils ont des administrations étendues, avec des budgets de prévoyance, capables de pourvoir à tous leurs besoins. Ce n'est pas le règne de l'individualité, sans doute : c'est le règne de l'association. Ce sont comme de nouveaux États qui se forment dans les anciens Etats.

L'autre système d'assurance part de l'État lui-même qui fait œuvre de mutualité avec les ouvriers et les patrons. Les travailleurs ne sont plus seuls à administrer leurs affaires. On n'est plus en présence d'un organisme de classe. Trois coopérateurs, et bien différents de nature et de caractère, participent à la constitution comme à la gestion du budget d'assurance. Si l'on veut que les petits métiers, les petits syndicats, les ouvriers isolés, aient leur garantie contre le chômage, et de même contre les accidents temporaires, contre l'invalidité permanente, ou contre les conséquences de la vieillesse, car ces principes s'appliquent à toutes les formes d'assurances et de retraites ouvrières, le système mixte est le seul applicable et pratique. Mais il n'échappe pas longtemps à l'obligation, l'État est un sociétaire prépondérant et bientôt absolu. Or cette obligation et cette haute autorité aideront mal au développement de l'éducation et de l'énergie ouvrière. D'une autre part, cependant, les ouvriers ne sont plus face à face avec eux-mêmes, et dans un isolement de classe; l'isolement, quel qu'il soit, est toujours mauvais pour la formation des caractères et de l'expérience. Ils s'entretiennent, s'exercent et collaborent chaque jour avec les représentants de l'État ou de la commune et des patrons. C'est une autre méthode d'éducation qui a aussi sa valeur. Ce n'est pas la mutualité ouvrière ou simplement individuelle et humaine : c'est la mutualité nationale.

Nous retrouvons ici cet élément de socialisme qui se retrouve partout dans la question ouvrière, de quelque côté qu'on la prenne ; les ouvriers de ce temps ont perdu ou ils n'ont pas encore atteint ce degré d'individualité relative, où nous voyons la plupart des autres hommes autour d'eux.

Incapables de se soutenir par leurs propres ressources, incapables de payer leur loyer, d'élever leurs enfants, de se guérir dans leurs maladies, incapables de s'alimenter dans leur vieillesse, incapables de vivre par eux-mêmes du produit aléatoire de leur travail, dans le milieu où ils sont placés, ils le sont encore bien plus de s'assurer personnellement contre les risques multiples de leur existence; ils ne se sauvent que par leur association et grâce au concours de l'État, auquel viennent s'adjoindre les souscriptions des autres classes. Il n'y a plus de classes politiques, mais les classes économiques sont évidentes. L'individualité est le partage d'une élite. La personnalité ouvrière n'existe pas : il s'agirait de la créer.

VI

Un document de la Chambre de Commerce de Worms nous apprend qu'une importante fabrique de cuirs de cette ville a expérimenté depuis plusieurs années une méthode contre le chômage, qui mérite d'être rapportée ici. Cette fabrique a pris la détermination de ne pas renvoyer purement et simplement, dans les périodes d'accalmie, les ouvriers qui deviennent superflus. Elle accorde, à tour de rôle, à tout son personnel un congé pendant lequel ces hommes inoccupés touchent « un salaire d'attente », se montant à peu près au taux d'une paie moyenne. Cette tentative a eu jusqu'à présent de bons résultats pour toutes les parties intéressées. Les ouvriers se sont trouvés à l'abri du besoin; ils ont pu attendre sans préoccupations la reprise des affaires, ainsi que le moment de leur rentrée dans les ateliers. Les femmes et les jeunes filles notamment, qui se sont adonnées d'une manière plus complète aux soins du ménage dans ces intervalles de congé, se félicitent doublement des avantages physiques et moraux qu'elles en retirent. La fabrique elle-même a profité de cette organisation, elle a conservé un corps d'ouvriers excellent qui se tiennent à tout moment à sa disposition et qui perpétuent les traditions, les procédés et l'honneur de leur industrie.

La Chambre de Commerce de Worms appelle cela un nouveau système d'assurance contre le chômage, mais il n'en est rien, et certainement cela n'a aucun rapport avec une institution quelconque d'assurance. C'est une discipline d'atelier, une organisation de la fabrique, une méthode de travail qui a pour objet de rendre le chômage inutile. Ou plutôt le chômage est ici parfaitement régularisé et consolidé; il a pris sa place légitime et nécessaire dans l'évolution du travail; il fait partie intégrante de la constitution industrielle; il est un des éléments les plus utiles du mécanisme dont il relie les pièces les unes aux autres et les fait marcher ensemble, jouant en quelque sorte le rôle d'une courroie de transmission. Le chômage constitutionnel est la courroie qui relie entre elles les périodes de plein travail.

C'est précisément ce que nous disions plus haut; si l'on veut sincèrement parer au chômage, il ne s'agit pas de fonder des caisses d'assurances, où le chômage viendra puiser et s'entretenir, il s'agit de réformer le travail de telle sorte que le chômage y ait sa place marquée. Alors ce sera le chômage dans sa véritable acception; le chômage de repos tranquille et assuré, — non point par une caisse étrangère, par une banque ou par des secours d'État, — mais assuré par une constitution libérale, prévoyante et honnête du travail. Ce sera le chômage, non pas fiévreux, inquiétant et anarchique, tel qu'on le comprend aujourd'hui; mais le chômage de repos, de loisir, réglé par une bonne intelligence des lois et de la nature du travail, tel qu'on l'a compris et pratiqué dans les temps les plus anciens. Car cette méthode n'a rien de nouveau, quoi qu'on en dise à Worms, et la vieille cité des bords du Rhin n'aurait qu'à relire son histoire économique des temps passés pour y retrouver le chômage ainsi pratiqué par les ancêtres de ses travailleurs du cuir. Seulement il s'agit de savoir si cette méthode ou toute autre analogue, qui consolide le chômage et en fait une partie intégrante du travail lui-même, est applicable aux grands ateliers de l'industrie moderne.

La Chambre de Commerce ne le sait pas trop ; elle craint que cet exemple ne soit pas suivi, et que la fabrique exemplaire ne puisse pas elle-même conserver longtemps la méthode qu'elle pense avoir inventée, si les autres fabriques la laissent seule poursuivre son expérience à ses risques. Aussi la Chambre se hâte-t-elle, suivant la coutume de nos voisins, d'en appeler à l'intervention de l'État, pour généraliser le procédé, mais il est certain que l'intervention universelle de l'État allemand dans les questions ouvrières a porté de tout autres fruits que ceux que l'on en attendait ; les vastes systèmes d'assurances d'État en tout genre pourraient bien tourner à la déception, car la loi empirique, introduite maladroitement dans les problèmes de l'économie et de la morale, est comme une esquille dans les chairs d'un corps vivant.

VII

La méthode de Worms, nouvelle dans son application, mais si ancienne dans son esprit qu'on peut l'appeler la méthode de la nature, contemporaine de l'homme et du travail, — est d'ailleurs appliquée plus ou moins confusément dans toutes les grandes industries bien tenues et capables de se défendre contre la concurrence. Seulement on l'applique sans avoir une conscience suffisante de ce que l'on fait et sans cette intelligence essentielle des détails que l'on a eue à Worms, et qui, seule, est organisatrice. Sous ce rapport le mérite de la fabrique citée est entier.

Le Creusot est un établissement sans comparaison plus considérable, tout y est infiniment plus difficile. On sait pourtant que cette industrie est parvenue pendant longtemps à éviter les grèves et les chômages tumultueux, grâce au tempérament, à la modération relative et habilement calculée de son activité. Beaucoup d'autres pratiquent avec plus ou moins de succès les mêmes maximes de conduite économique. Il s'agit de prévoir les périodes d'accalmie et le retour des temps plus actifs, et de ne pas se hâter outre mesure dans le feu de l'activité la plus grande; de ne pas embaucher plus d'ouvriers qu'on ne peut en employer dans les saisons normales et qu'il faudrait renvoyer ensuite, le coup de feu passé; mais on distribue les portions de travail avec soin et prévoyance, on fait attendre les commandes des impatients et des ignorants qui voudraient tout brusquer et tout précipiter, et on peut les faire attendre parce qu'on est à la tête d'une grande industrie et d'une grande force, originale et singulière en son genre, qui ne craint ni contrefaçon ni imitation.

On ne surmène pas les travailleurs, on leur laisse des temps de repos relatifs ; on n'en augmente pas imprudemment le nombre pour ne pas avoir ensuite à le diminuer. Ainsi et sous cette forme, bien qu'imparfaite et peu définie, mais sous une forme cependant, l'élément *chômage* fait partie essentielle de la *constitution du travail;* le chômage n'est pas en dehors du travail et contre lui, il est avec lui et en lui ; il est un élément constitutif et reproducteur du travail même.

Alors on jouit d'un chômage assuré, c'est-à-dire d'un repos assuré; et l'assurance a aussi son sens propre : elle n'est pas fondée sur des caisses qui montent et qui baissent, comme des bâtiments sur la mer, exposées à mainte fuite et maint naufrage, et qui auraient elles-mêmes grand besoin d'être assurées à d'autres caisses, et ainsi de suite indéfiniment : ce repos est assuré et garanti par la constitution du travail, par sa manière d'être et d'évoluer. Le chômage a changé entièrement de caractère; il n'est plus l'ennemi, le désarroi, le tumulte, il est une loi et la plus sûre des lois, puisqu'elle est le rapport même des choses.

Le travail bien compris et bien administré doit, en définitive, suffire à tout, puisqu'il n'y a rien en dehors du travail, puisqu'il est la condition de toute culture et de toute civilisation. Le travail seul explique la propriété, le capital, l'instruction, l'art, la morale, l'homme : l'homme est un être qui travaille, seul il travaille dans la nature et il travaillera selon des méthodes de plus en plus complètes, retrouvant et reconstituant l'unité organique du travail, qui s'est divisée à l'infini, brisée en miettes sous les coups des révolutions.

Les fragments épars du miroir détruit seront rejoints et l'homme y reconnaîtra sa vivante image. Comment et quand? Par quelles suites d'évolutions encore inconnues? Nul ne le sait. Mais s'il est vrai que l'homme est appelé à conquérir de plus en plus sa personnalité et son identité, il faut bien qu'il retrouve et reconquière d'une manière ou d'une autre l'unité du travail enrichie et développée magnifiquement, puisque le travail est l'homme même, l'effort de la conscience qui apprend à se connaître et à se posséder étant le premier et fondamental travail de l'être pensant, et l'origine première de tous les autres travaux de l'homme.

VIII

L'une des idées relativement les plus justes et les plus fécondes de notre temps est celle du « risque professionnel », par où les accidents de travail seront mis à la charge de l'industrie.

Tant que nous en serons à chercher quelque expression un peu moins imparfaite de la liberté et de la responsabilité humaines, que celle où nous sommes parvenus, on ne trouvera rien de mieux, disons-nous, que de mettre les accidents et risques du travail à la charge de l'industrie elle-même; — non pas du patron, non pas de l'ouvrier, mais de l'industrie sans personnalité et sans *figure*.

Ce n'est pas l'ouvrier, certes, qui est responsable de cet accident qui a failli lui coûter la vie, et qui lui a effectivement coûté un bras ou une jambe; quand bien même il y aurait dans son cas une certaine part d'imprudence, impossible à définir exactement, qui est-ce qui se permettra de déclarer responsable en fait et en vérité de son malheur soudain, en un clin d'œil accompli, cet homme qui passe sa vie dans le contact quotidien des machines les plus redoutables? Non, il n'est pas responsable. Il est absolument hors d'état, vu la situation économique qui lui a été faite dans l'organisation industrielle, de pourvoir par ses propres ressources à la dépense de sa guérison et aux besoins de la vie démembrée qui lui reste. Donc il n'est pas responsable, c'est clair; il n'est débiteur de rien, à moins que ce ne soit de ses misères et de ses plaies.

Le patron n'est pas responsable davantage, ni le mécanicien, ni le constructeur de la machine, ni l'ingénieur qui l'a montée. Je les place tous volontiers dans l'hypothèse la plus avantageuse, où ils demandent que nous les prenions. Ils n'ont épargné aucuns frais pour la bonne installation de la fabrique. La matière des pièces était irréprochable autant que leur ajustement. Je n'arrive pas à saisir un responsable : seule, la responsabilité impersonnelle et anonyme de l'industrie, encore si maladroite, si mal instruite dans l'usage de ses appareils non moins redoutables par leur force que par leur délicatesse, la responsabilité de la science devenue si puissante et cependant si impuissante encore, planent au-dessus de ces murs écroulés et fumants, de ces machines renversées et de ces corps écrasés.

Donc, c'est l'industrie scientifique et anonyme qui doit payer et réparer, dans toute la mesure de réparation possible; c'est elle qui doit réparer le mal qu'elle a fait, qu'elle s'est fait à elle-même, par le déraillement des formes et des moyens, toujours insuffisamment étudiés eu égard à la force excessive qui en résulte; l'industrie dans son unité organique, ouvriers et patrons compris, personne en particulier, mais l'être de raison, collectif et idéal, c'est lui que je charge du poids de cette responsabilité accablante, que, seul en effet, il est de taille à pouvoir porter.

Et c'est bien ainsi que les choses se passent; cette industrie, cette entreprise, cette fabrique, dans l'ensemble de ses éléments, est positivement condamnée à payer le désastre et elle le paye; non pas l'industriel, l'entrepreneur, le fabricant, non pas le contremaître, l'ouvrier, l'employé, mais l'entreprise, mais la fabrique, théâtre de l'accident fortuit du travail.

Il n'y a pas eu de faute individuelle : la moindre part de volonté libre en eût fait un crime inconcevable. L'humanité, la philosophie et la justice embrassant dans leur verdict toutes les circonstances de la cause, la faiblesse des hommes et la violence irrésistible des choses déchaînées, acquittent les individus; mais attendu qu'il est toujours nécessaire que l'on paye et que l'on répare, et que la réparation à son tour s'exécute par l'action fatale des choses mêmes, lorsque les hommes refusent de le faire spontanément, l'humanité, la philosophie et la justice prononcent que c'est la fabrique qui paiera.

Or, croyez-le bien, les ouvriers, dans cette hypothèse, payent largement avec les patrons; ils ne versent pas de l'argent qu'ils n'ont pas, ils payent de plusieurs autres manières très certaines, quand ce ne serait que par leur sang, par le sacrifice de leurs amis et de leurs proches, le deuil de leurs familles et de leur classe.

IX

Quels que soient les progrès futurs de la science, de qui l'on peut attendre des améliorations incomparablement supérieures à toutes celles que nous lui devons déjà, toujours il y aura des accidents, des catastrophes, des déraillements, des déralinguages, des explosions. — Pourquoi? Parce que la marche des choses est telle que l'homme découvre d'abord des forces et apprend ensuite à les gouverner; crée d'abord des inventions et apprend ensuite à les administrer; trouve d'abord des principes et apprend ensuite à les appliquer. La première conception ne demande qu'un moment, mais l'application successivement perfectionnée exige une continuelle étude qui n'est qu'une suite de revers, de succès et de revers sans fin.

Entre la première forme indéterminée d'un problème, d'une machine, d'une institution politique et sociale, et la détermination pratique de cette forme, il y a un abîme, et c'est dans cet abîme que l'inventeur perd sa fortune et la vie ; il y a une quantité inconnue, et c'est en la cherchant que le mathématicien commet la faute de calcul par laquelle il est dérouté ; il y a un temps de contentions et de disputes, et, pendant ce temps, les législateurs périssent, les gouvernements tombent.

Il a fallu de longs siècles de travail sur notre globe et une éducation déjà grande de l'humanité, avant que le jour vînt où un homme découvrit le premier principe d'une machine qui multiplierait nos forces à l'infini. Cependant l'inventeur ne s'est encore donné que la peine d'y penser. La période de risques commence avec celle de l'application.

Toutes les fois que l'on rapproche deux éléments, que ce soient des idées, des chiffres, des figures, des gaz, des métaux, et jusqu'à ce que le rapprochement soit entièrement opéré et consolidé, on ignore quels seront la suite et le destin de l'opération. C'est également vrai dans l'opération inverse et dans toute autre, quelle qu'elle puisse être. La plus sûre méthode appliquée aux objets les mieux définis ne supprime pas les chances d'erreur qui sont dans l'homme et dans son milieu ; elle ne supprime pas davantage l'intervalle qu'il y a toujours entre la conception et l'exécution, entre la pensée et l'expression, entre la volonté et l'acte, entre la flèche et le but : cet intervalle de deux doigts ou de mille lieues, au physique et au moral, est toujours le même abîme.

L'idée de cette découverte, de cette invention, de cette accommodation nouvelle des choses, s'est présentée d'elle-même à votre esprit. Vous n'avez pas eu de peine à la chercher: vous l'attendiez et elle est venue. Votre mérite, et il est rare, consiste tout entier dans cette attitude d'observation vigilante que vous avez su prendre et garder longtemps. Enfin, vous avez remarqué le phénomène, vous avez saisi l'occasion, proie difficile. Ce n'est rien : il faut maintenant tirer parti de la découverte, il faut t'en emparer! Les soins les plus délicats, les efforts les plus énergiques, une patience et un courage à toute épreuve pourront seuls, t'en assurer l'entière possession et maîtrise. C'est pendant ce temps-là que tu cours tous les périls : les chances d'erreur se multiplient furieusement, lorsque tu travailles le plus ardemment et, plus tu mets de toi-même dans les choses, dans les phénomènes, dans les chiffres, dans les lois du monde, plus tu y mets de possibilité d'accidents et de catastrophes.

La catastrophe du premier inventeur est presque certaine, l'histoire nous l'a appris par assez d'exemples, — mort, ruine, perte d'argent, mécompte, erreur de chiffre, car l'erreur de chiffre est la catastrophe du problème.

Euclide ne fut pas le premier inventeur des *éléments* de la géométrie, mais son génie est « d'avoir démontré plus rigoureusement ce qui avait été trop mollement démontré par les autres ». Une série ignorée de mathématiciens et de géomètres avaient, avant lui, manié gauchement les chiffres et les lignes. Les premiers inventeurs de la méthode avaient fait des fautes qui étaient des catastrophes et des désastres où leur tête puissante se perdait.

Seulement le désastre est une lumière, un avertissement sur le point particulier où il s'est produit, qui détourne ceux qui viennent ensuite de refaire la même faute au même endroit. C'est un point acquis sur la route de l'humanité. Les inventeurs qui le franchiront désormais sans danger, marqueront un peu plus loin de leur erreur ou de leur perte le point nouveau où ils toucheront.

Depuis sept siècles ce pays travaille, forge des socs, des épées et des lois ; mais les fils de ce vieil et indomptable ouvrier des solutions universelles sont, en face des propres questions qui les regardent, comme des apprentis qui auraient tout à apprendre. Les recherches immenses, les solutions prodigieuses qui remplissent notre livre, le plus grand qu'aucun peuple ait écrit, nous aideront peu. C'est toujours la même difficulté, la même aventure à courir dans cet intervalle inexploré qui sépare un principe de son application.

Nous voilà tout neufs, dans le moment et

dans le lieu où nous voici. L'Histoire, que tant d'années nous servîmes avec loyalisme et vaillance, toujours à ses côtés, combattant pour le droit, et, vainqueurs ou vaincus, toujours donnant notre or, notre sang, aux nobles causes qui appelaient à l'aide dans l'univers; l'Histoire, après cette longue confraternité d'armes et de desseins, tout d'un coup nous abandonna. Nous nous vîmes seuls, dans une affreuse nuit, et nous étions au tournant d'un chemin inconnu. Est-ce peut-être que les grandes choses ne se font que dans l'abandon, dans la nuit, au sein profond des orages, et le destin énigmatique nous gardait-il pour déchiffrer la plus obscure de ses leçons? C'est à la lumière de la foudre, dans un ciel incendié et sanglant, que nous avons lu pour la première fois les principes de l'avenir.

Quand nous les avons proclamés, les peuples répondirent que c'était juste et vrai, et que ces principes formaient les éléments mêmes de la conscience du genre humain. La question consiste à les réaliser, et voilà où vous en êtes, au bord du vide, toujours identique à lui-même, qui s'étend des définitions aux réalisations, l'empire du risque et de la chance, plus large que la mer, plus étroit que la goutte d'eau, dans lequel se suivent, du petit au grand, toutes les catastrophes, toutes les déceptions, toutes les surprises, tous les accidents, tous les naufrages de l'humanité.

Cependant la science et l'homme ne peuvent aller qu'ainsi; cette démarche est universelle dans tous les ordres de choses, comme dans tous les ordres d'idées, en mathématiques, en philosophie, en économie, en politique.

Il s'agit de donner leur droit à des hommes qui n'en savent pas le prix; la liberté et le suffrage à des multitudes qui ne savent pas s'en servir; les livres et les journaux à un public qui ne sait pas les lire; les machines à des ouvriers qui ne savent pas les manier; mais tous, se trompant et se blessant, apprendront le secret de la méthode et le train de la vie humaine.

X

C'est à l'entreprise, à l'industrie, à l'usine, à la fabrique, dans l'ensemble de ses éléments, que la responsabilité et la charge des accidents du travail appartiennent. Cette vérité est entrée dans le domaine public, elle fait désormais partie de l'opinion générale, sinon de la loi effective. La nature des choses et des phénomènes du travail, interrogée avec soin, nous répond qu'il ne peut pas en être autrement.

Mais le chômage est au premier rang parmi ces accidents et ces risques ; il est lié au travail d'une manière encore plus certaine que tous les autres risques divers, dont on peut sans doute éviter l'un, mais que l'on ne peut éviter tous ; il est attaché au travail d'une manière indissoluble et nécessaire.

Ainsi le chômage, comme les autres accidents, est à la charge de la fabrique. Quand nous disons la fabrique, c'est toujours ouvriers et patrons compris, et tous ses éléments.

Nous tendons visiblement à la reconstitution de l'unité organique du travail, dans le temps où sa division a été portée au paroxysme de la fureur.

Que ce soit l'unité morale, d'abord si l'unité matérielle présente des obstacles aujourd'hui et pour longtemps insurmontables. L'unité morale est toujours possible, elle ne dépend que de nous seuls : elle est le fondement de toute autre unité et de toute vie.

Cette unité morale aura son siège dans les *Conseils du travail* où se réuniront ouvriers et patrons pour leur éducation mutuelle. Les chefs d'industrie, acquerront de nouvelles forces et ressources économiques en tous genres, une énergie productrice d'inventions et de perfectionnements sans nombre, et les ouvriers aussi feront les mêmes bénéfices économiques et moraux, lorsque les uns et les autres, se considérant dans la vérité de leurs rapports et de leur situation d'hommes libres, pénétrés de l'esprit de respect et de tolérance réciproques, travailleront ensemble, selon les règles de la méthode, à l'enrichissement de de la vie sociale et à l'agrandissement du terrain économique, que la science nous permettra d'agrandir indéfiniment.

X

LES CONDITIONS MORALES

Ce ne sera pas la paix du cloître dans nos *conseils du travail*, et ce n'est pas cela que nous souhaitons. On parlera haut et fort, on discutera avec chaleur, avec animation, peut-être avec plus de respect réciproque que dans les parlements de la bourgeoisie européenne. Les patrons et les ouvriers, se considérant et s'étudiant les uns les autres, apprendront bien des choses qu'ils ignorent sur les vérités profondes de la nature, sur le train de la vie et sur les fatalités de l'ordre universel. Ils sentiront leur intelligence s'élargir et s'élever, et aussi les sentiments de leur cœur; mais nous ne parlerons que des intérêts immédiats du travail.

Ces discussions, ces critiques, cette enquête permanente sur les conditions du métier, conduite avec une mutuelle entente, quoiqu'elle puisse être troublée par bien des disputes, causeront moins de tort que les grèves; et, d'une manière générale, tout ce régime, pratiqué avec persévérance, exercera sur le travail des effets considérables.

Tous ceux qui ont étudié ce que j'appellerai la philosophie du travail, savent parfaitement qu'il gagne en forme, en beauté et en abondance, à mesure que ceux qui le font s'élèvent en éducation et en moralité.

Les ouvriers qui participent d'une manière ou d'une autre à la surveillance et au contrôle des conditions de leur travail, à la vie morale de l'atelier, de la fabrique ou de l'usine, qui jouissent de relations suivies avec les patrons et les chefs, travaillent beaucoup mieux que lorsqu'ils sont privés de tous ces avantages moraux. C'est-à-dire que plus ils sont des êtres pensants et responsables, des travailleurs libres et conscients de leur effort, au lieu d'être des esclaves, à qui la bassesse de leur condition a enlevé la moitié de leur âme, plus ils fournissent des produits bien faits.

Ces considérations sont du plus grand intérêt

partout où les hommes travaillent; elles ne le sont nulle part autant que dans un pays d'une étendue modérée, habité par des populations ouvrières d'une certaine délicatesse et qui ne se multiplient qu'avec précaution et mesure.

Ce pays se soutient surtout par la forme, plus que par la quantité. Il résiste à la concurrence écrasante d'autres nations par l'art, le goût, le charme et le fini qu'il met en tout ce qu'il façonne et fabrique. Son travail vaut principalement par ce qu'il y a de moral et d'intellectuel dans ce travail. Toutes les institutions qui peuvent servir à entretenir, à relever et à compléter l'éducation de ce peuple industrieux, lui sont donc plus utiles et plus profitables qu'elles ne le seraient en toute autre contrée.

Il y a une dizaine d'années, une grande commission extra-parlementaire avait été réunie au ministère de l'Intérieur, pour rechercher les divers moyens par lesquels pouvaient être encouragées les associations ouvrières. Le ministre d'alors, qui a attaché son nom à la liberté des syndicats, disait : « Il résulte de tous les témoignages, que l'association ouvrière et la participation aux bénéfices sont en elles-mêmes une garantie de la bonne exécution des travaux. J'ai été frappé de l'énergie avec laquelle les industriels les plus expérimentés ont déclaré qu'en instituant la participation dans leurs maisons, ils n'avaient pas fait seulement une bonne action, *mais une bonne affaire...* »

M. Waldeck-Rousseau ajoutait : « Vous retrouverez cette affirmation dans la bouche de tous ceux que vous avez entendus : le travail, la collaboration qu'ils obtiennent sont plus effectifs, plus productifs, et, disent-ils, nous sommes amplement rémunérés des sacrifices que nous faisons par le concours dévoué que nous obtenons. De même l'expérience que l'État a pu faire avec les associations ouvrières a été des plus décisives. L'intérêt de l'ouvrier étant directement engagé dans l'entreprise, il apporte plus de bonne volonté, plus de soin dans l'exécution de son travail. »

Ces remarquables paroles, d'une véritable philosophie sur les choses du travail, peuvent s'appliquer à toutes les institutions qui relèvent le niveau intellectuel et moral des ouvriers, et, par conséquent, elles s'appliquent à merveille à l'institution de nos conseils du travail. Ce n'est pas seulement parce que « l'intérêt » de l'ouvrier est plus directement engagé dans l'entreprise, c'est aussi et surtout parce que sa personne morale, sa conscience, sa responsabilité y sont engagées que le travail est mieux fait.

Cet ouvrier se sent davantage un homme qui compte et qui exerce les qualités morales de son être, il se sent à ses propres yeux plus important, il s'estime d'un plus haut prix et il travaille avec plus de soin, plus de goût et plus de cette conscience qu'il voit respectée en lui par ses chefs et par le public.

Je ne songe pas à discuter ici ce qu'il y a de plus ou de moins juste dans la théorie de la participation aux bénéfices, mais cette théorie de la participation de l'ouvrier et du patron à une même éducation économique et humaine, à une même discipline, dans des conseils communs, qui sont de véritables écoles, doit nous donner les résultats les plus avantageux pour la productivité et pour la qualité du travail.

Il ne s'agit pas seulement d'une participation plus ou moins douteuse à des bénéfices plus ou moins discutables, il s'agit d'une participation certaine et substantielle à la même vie morale, à la même vie de famille, ne fût-ce que quelques heures par semaine, sur le pied de l'intimité, de l'égalité et de la liberté.

Et combien de questions pratiques on pourrait étudier et résoudre dans ces conseils du travail? Il a été constaté par des exemples quotidiens que les ouvriers aux prises avec les difficultés des choses, qui vivent dans une lutte journalière avec les plus petits détails des instruments et des matériaux, qu'ils assouplissent de leurs mains, inventent des solutions auxquelles les ingénieurs et les chefs n'avaient jamais pensé.

A tout instant le mathématicien et le physicien indiquent le but à atteindre, la combinaison ou l'agencement à exécuter, mais ils ne trouveraient pas eux-mêmes le moyen pratique de réaliser ce qu'ils ont entrevu, ils en laissent le soin à l'ouvrier et c'est l'ouvrier qui trouve ce moyen. Pourquoi? Parce que cet ouvrier passe sa vie entière avec les choses, dans leur contact immédiat, qu'il les connaît, et j'allais dire qu'il en est connu!

Il y a entre le travailleur de tous les instants, de toute la vie et les matières inertes et les instruments passifs, une sorte de communion intime, de fréquentation profonde, toute pleine de résultats inattendus, qui sont chaque jour un objet de surprise et d'admiration pour les savants! Ce phénomène s'est révélé tout particulièrement dans l'industrie de l'électricité; de simples ouvriers, à force de manier les fils et les appareils, ont fait des rencontres singulières; ils ont remporté la victoire sur des points où toute la science classique avait misérablement échoué.

Entretenez-vous de ces problèmes avec les plus humbles travailleurs dans des conseils périodiques que vous organiserez d'un commun accord, apportez-y cette confiance, cette familiarité de bon aloi, qui ne se passe point de respect réciproque, cet esprit d'égalité humaine et civique, et vous ne savez pas quelles lumières et quels traits d'invention jailliront de ces intelligences, toujours refermées sur elles-mêmes, que vous aurez ouvertes et déployées, et auxquelles vous aurez communiqué ce premier sentiment délicieux de leur valeur morale!

De même le monde du travail pourra discuter et résoudre dans ses conseils et dans ses chambres les questions de retraites, d'assurances contre les accidents ou le chômage, sur lesquelles s'épuisent en vain les législateurs de l'Europe. L'industrie, dans un tel régime, s'organise, s'administre et se gouverne par sa propre initiative. Elle a ses destinées dans ses mains et elle les dirige avec une compétence qui n'appartient qu'à elle seule.

Il faut choisir entre deux méthodes, il n'y en a pas une troisième : ou l'État, ou l'initiative de l'industrie, du travail lui-même, réglant ses affaires dans de libres conseils, les patrons et les ouvriers s'associant, s'entr'aidant et s'instruisant les uns les autres, pour résoudre les questions qui les tourmentent, pour porter remède à ces fléaux et à ces calamités périodiques dont le régime industriel le plus puissant qui se soit élevé jamais sur notre globe paraît encore quelquefois exposé à périr au milieu de désastres sans nom.

Ce que nous proposons, c'est la méthode de l'initiative, de la liberté et de l'éducation mutuelle ; il serait curieux que l'idée de nos conseils et de nos chambres du travail fût précisément rejetée par les serviteurs les plus dévoués de la liberté.

II

L'institution de ces *Conseils* ne nous donnera point, par elle-même et par elle seule, la solution des problèmes qui se sont élevés dans le monde économique de notre temps ; elle ne nous donnera pas la règle des salaires ni celle des heures, elle n'assurera pas les ouvriers contre les accidents et les maladies, contre les infirmités de la vieillesse ni contre le chômage ; elle laisse en suspens toutes ces questions, mais elle donne un moyen de les résoudre toutes.

Que fait-elle donc? Ceci, qui semble peu et qui est tout : elle met les ouvriers et les patrons sur le pied de l'égalité, collaborateurs d'une même industrie, citoyens d'une même nation, et elle les convie à perfectionner, dans ces libres conseils, leur éducation économique et leur éducation humaine.

Nous avons toujours considéré l'instruction comme l'instrument qui doit permettre aux hommes d'aplanir, de résoudre et de trancher toutes les difficultés avec lesquels ils sont aux prises. Cette instruction qui s'adresse à toutes les facultés de l'homme, qui se confond avec son éducation intime, est l'oubli complet, outil vivant et toujours perfectible, par quoi s'accomplit toute la somme de progrès matériel et moral que notre nature peut légitimement se promettre en chaque période donnée.

Il est si bien l'outil qui précède tous les autres, que nous ne pouvons pas en concevoir un avant lui, car c'est lui qui sert à inventer, à forger et à agencer tous les outils, procédés et méthodes, par où se poursuit de siècle en siècle la conquête de l'univers.

Cette instruction, cette éducation générale de l'être pensant ne se développe pas seulement dans les écoles par l'art de la pédagogie; les écoles n'exercent qu'une action superficielle et limitée, tantôt bonne, tantôt mauvaise, sur les esprits livrés à leur discipline; elles-mêmes ont besoin pour vivre et pour s'organiser de cette force que nous trouvons à l'origine de toutes choses comme leur condition nécessaire, l'énergie morale de l'être pensant.

Où se forme-t-elle donc cette énergie, mère de l'instruction et de l'éducation, du gouvernement et des lois, mère des sciences et du progrès, qui seule explique tout, et sans laquelle rien ne s'explique? Elle se forme et s'échauffe au contact de la nature et au frottement de la vie, par la réflexion et par le travail et dans la société des hommes les uns avec les autres. Les savants instruisent les ignorants, mais les ignorants instruisent aussi, dans toute la force du terme, les savants, les édifient et les équipent pour le combat, les munissent de volonté et de dialectique. Les élèves sont à leurs maîtres et les enfants à leurs pères des sujets d'efforts quotidiens, d'où les esprits déjà exercés tirent les profits les plus précieux pour s'exercer davantage.

La vie, le travail, l'histoire, les combats de la politique et de la liberté, les concurrences de l'industrie et du commerce, sont les vrais instituteurs et institutrices du genre humain.

Ces observations, aujourd'hui universellement admises, ont renouvelé toutes nos théories sur l'éducation des hommes et des peuples; mais nous pouvons les appliquer particulièrement à ces Conseils du travail, où l'on invite les patrons et les ouvriers à venir perfectionner par leur mutuel contact, leur éducation économique et humaine. C'est là qu'ils développeront cette énergie morale, cet esprit d'analyse et de recherche et ce désir toujours nouveau de mieux faire, qui leur seraient les plus utiles auxiliaires dans le travail industriel et dans les luttes commerciales sur le marché du globe.

Les ouvriers n'ont pas besoin d'être persuadés; ils ont le sentiment le plus vif de ce qui leur manque, un ardent désir d'apprendre et de se faire leur place dans la société du XIXe siècle. Ils demandent ces Conseils du travail comme un gage d'amélioration économique et politique pour leur classe, et comme un accès ouvert pour eux sur ces régions supérieures où ils aspirent. Mais ce sont les grands chefs d'industrie qui ne comprennent pas encore comment une institution favorable aux ouvriers peut leur être utile à eux-mêmes, et combien ils profiteraient pour leur compte d'un contact immédiat avec le travail.

L'histoire cependant nous a appris que l'aristocratie féodale a commencé d'abdiquer son rôle politique et social, quand elle a déserté le donjon et la terre; et de même pour toutes les classes qui se séparent et s'isolent des sources où elles puisaient l'influence et la vie; de même pour les grandes familles industrielles qui s'éloignent de plus en plus du travail et qui en perdent la notion exacte.

Les puissants chefs ne connaissent plus la fabrique ni le chantier, ils ignorent les besoins et les aspirations de tout ce monde qui s'organise en dehors d'eux et contre eux. Ils se sont fait une vie à part, sèche et froide, dans toute la jouissance du luxe le plus florissant, et singulièrement étroite et murée dans une grandeur purement illusoire. C'est ce qu'on appelle « la grande vie », mais combien bornée, dans les formes rigides d'une classe qui se cristallise et qui ne brille que d'un éclat métallique.

Est-ce la vie? La vie n'est-elle pas faite de communications incessantes avec le dehors, de contacts multiples et quotidiens? N'est-elle pas toute composée de mouvements et de relations? non de relations avec son propre monde et de mouvements dans son propre cercle, — ce n'est là que le piétinement dans l'isolement, — mais de rapports avec d'autres organismes, auxquels on se donne et d'où l'on emprunte.

Il faut sortir de soi-même et de sa situation spéciale pour entrer dans des situations étrangères, les pénétrer et s'en pénétrer. C'est ainsi seulement qu'on s'exerce au noble jeu de la vie et que l'on féconde ses facultés.

Il faut que les institutions, les lois, les gouvernements, les classes, retournent de temps en temps à leurs origines, et s'y retrempent. Le haut patronat de notre époque retournerait à ses origines qui sont le travail, dans ces Conseils que nous lui recommandons, se replaçant ainsi en présence des travailleurs, en communication intime et régulière avec eux; tandis qu'il se meurt et sûrement mourra de cet *absentéisme* et de ce *séparatisme* prolongé, si l'on ne se préoccupe pas de trouver des remèdes à un régime stérilisant.

Ce que nous cherchons et proposons, par nos libres Conseils du travail, c'est toute une rénovation de l'esprit et des mœurs, cent fois plus importante que la réforme des lois et que la revision des tarifs pour la renaissance industrielle du pays.

N'avez-vous pas aperçu à certains signes, dont on ne fournit que des explications vaines et impuissantes, un ralentissement de l'énergie industrielle, un affaiblissement de notre force de concurrence dans le champ exploité de l'univers? C'est une des considérations les plus graves auxquelles puisse s'arrêter l'économiste philosophe qui jette un regard interrogateur sur l'avenir de la patrie et de la race. Des chefs d'industrie prévoyants devraient se mettre hardiment en quête de tous les moyens de se renouveler, de s'étendre, de s'élargir, à la faveur de cette République qui offre toute liberté et toute élasticité, au lieu de s'isoler de plus en plus par les préjugés et par les mœurs où ils se confinent. Les Conseils du travail sont un des moyens possibles, ce sont des écoles d'éducation économique, pour les patrons au moins autant que pour les ouvriers, et pour le renouvellement de l'énergie dans tous les membres du corps social.

III

On ne dit pas que les *Conseils du travail* vont inaugurer dans le monde économique la paix perpétuelle, que toutes les causes d'antagonisme et de lutte cesseront; on ne le dit pas et on ne le voudrait pas. Un pareil état, s'il était possible, n'amènerait que l'arrêt du mouvement et de la productivité elle-même.

Le puissant machinisme, enrichi et compliqué sans cesse de nouveaux ressorts, ou au contraire simplifié par des découvertes encore plus puissantes, continuera de tourner, de crier et de tordre à la fois les formes de la matière et le cœur de l'homme.

La lutte ne cessera point, des hommes avec la nature et des hommes entre eux, de ceux qui sont en bas, dans les régions de l'inconscience et de l'irresponsabilité, pour se faire jour à travers les obstacles et monter plus haut dans le bien-être et dans la lumière spirituelle.

Chaque conquête est une amorce pour une autre conquête. Lorsque vous dévoilez à ceux qui ne savent pas, à ceux qui ne voient pas encore, un coin de la vérité et de la lumière radieuse, vers lesquelles ils tendent des mains suppliantes, c'est un étrange leurre si vous pensez ainsi assouvir leur faim, vous ne faites que l'aiguiser et elle est insatiable.

C'est le propre de l'être pensant d'aspirer à

l'infini. Chaque fois qu'il empiète un peu plus sur ces champs illimités de l'inconnu qui l'attire, il conçoit un désir indicible de pousser encore plus avant. A chacune des phases de leur évolution ascendante, nos facultés ne font que ramasser des armes pour s'agrandir et se compléter davantage.

Plus notre domaine s'élargit à nos regards charmés, plus nous concevons la noble ambition d'en reculer encore les frontières, et plus aussi nous en avons le droit avec les moyens. Toute acquisition nouvelle ne sert qu'à alimenter et à exalter la passion conquérante. Toute gorgée prise au vin de la vigne éternelle ne fait qu'allumer en nos veines le besoin impatient de boire toute la coupe sans bords et sans fond.

N'espérez donc nulle trêve; si vous avez formé l'injuste dessein de conserver pour vous l'hégémonie de l'empire du vrai, vous pouvez reculer pas à pas et faire bonne contenance, mais votre défaite est écrite dans la destinée et dans la nature même de l'homme.

Je ne sais plus quel philosophe a dit que, s'il avait la main pleine de vérités, il se garderait bien de l'ouvrir sur le monde. Mais celui-là faisait un faux calcul; il ne pourrait pas s'empêcher d'ouvrir la main.

Pour que l'être pensant ne fût point possédé de cet instinct qui le porte à absorber et à s'assimiler toute vérité, il faudrait qu'il n'eût point un seul moment connu la notion du vrai; il faudrait que réellement il n'existât point et qu'il ne fût point l'être pensant. Mais aussitôt que la grande main symbolique qui contient la vérité, en a laissé couler entre ses doigts une seule goutte, c'est fini, tout y passera, la rosée se changera en pluie, et la pluie deviendra un déluge qui inondera le monde en le vivifiant.

Ce phénomène étonne et scandalise quelques personnes, il y a cependant pour elles une raison très sûre de se tranquilliser. C'est que plus nombreuses viendront les multitudes participer à l'exercice de la science et de la liberté, à l'exploitation intelligente de la matière, à la culture scientifique et intensive du champ d'expérience de l'univers, épanoui sous les rayons dorés du soleil, plus la civilisation deviendra riche et abondante en fruits pour la société entière des hommes.

Le droit ne s'appauvrit point par le nombre

de ceux qui viennent en réclamer leur part et qui s'installent en citoyens de son empire; ni la liberté, ni la science, ni l'instruction; ce sont des domaines d'une élasticité sans limites, qui s'étendent et s'enrichissent à mesure qu'ils reçoivent de nouvelles recrues et de nouveaux exploitants. Plus il y aura d'hommes instruits et libres, plus les découvertes utiles se multiplieront avec facilité. L'intelligence générale, agrandie et renouvelée par la participation d'un nombre toujours plus considérable d'hommes intelligents, saura concevoir toutes les formes nécessaires à la sûreté, à la convenance et à l'illustration de la vie humaine.

Nos gouvernements et nos lois, tels qu'ils se comportent, ont tant bien que mal convenu à l'état de nos esprits et de nos mœurs; mais une génération nouvelle, sortie des écoles de la République, formée par l'instruction obligatoire, et qui est arrivée à l'âge d'homme, commence à faire sentir sa présence et sa pression. Elle voudra à son tour marquer nos institutions de son empreinte, les plier à ses vues et à ses conceptions de la vie morale et sociale.

Il était impossible de ne pas ouvrir toutes

grandes les portes des écoles aux foules qui demandent l'instruction, et il faudra les élargir encore; il faudra renverser portes et murailles et porter l'instruction en rase campagne pour la masse entière des peuples nouveaux qui sont arrivés à la lumière; mais il est impossible de croire que l'on gouvernera les démocraties instruites comme on gouvernait les démocraties ignorantes.

Il y a dans la République parlementaire un principe inviolable et sacré, en quoi elle consiste réellement et véritablement; l'esprit de liberté et de critique.

Ainsi la République parlementaire est par son principe et par son titre le gouvernement supérieur et définitif, au-dessus duquel on ne conçoit aucun autre gouvernement puisqu'il se confond avec la liberté même de l'esprit humain. Mais cette République peut et devra revêtir, suivant les époques, des formes diverses; ces formes seront trouvées et réalisées, comme les autres formes, artistiques, industrielles, morales et sociales, par une démocratie de plus en plus éclairée, de plus en plus instruite, qui ne manquera point de fournir en grand nombre les inventeurs, les artistes, les savants, les têtes fortes et puissantes dont chaque époque aura besoin.

Les *Conseils du Travail*, considérés comme des écoles mutuelles d'éducation économique et humaine entre patrons et ouvriers, ont, dans cette vue générale des choses, leur rôle marqué. Ce n'est point le lourd silence ni la sérénité inaltérable d'une paix perpétuelle que nous leur demandons et que nous attendons d'eux, puisqu'au contraire nous les considérons comme des écoles de critique et de progrès réciproque dans les domaines de l'industrie et du travail.

Le projet de loi que nous avons préparé à la commission permanente sur les conseils et les chambres de travail pourra être déposé au Parlement quand on le voudra. Ce projet offre aux ouvriers et aux patrons le moyen facile de se réunir, de se voir, d'entrer en relations les uns avec les autres, de chercher ensemble les moyens de résoudre les difficultés qui les séparent, au lieu de se livrer immédiatement à des grèves et à des coalitions qui sont l'anarchie du monde économique.

Mais il faut que les ouvriers le veuillent; il

faut encore et surtout que les patrons le veuillent. La loi, par elle-même et toute seule, ne peut rien ; ce n'est pas une loi de contrainte, c'est une loi de liberté.

En tout cas, nous aurons fait, nous, ce que nous avions à faire. Il est possible que nos conseils de travail ne soient jamais constitués, qu'ils ne se fassent pas comme nous le proposons, et même qu'ils ne se fassent pas du tout ; mais nous aurons travaillé à l'œuvre de paix et de liberté, à l'émancipation de la démocratie, aux transformations morales de ce siècle plein d'incertitudes, et cela, quoi qu'il arrive, ne sera pas perdu.

Notre projet sur les conseils du travail tombera dans l'oubli ; notre commission, notre conseil supérieur lui-même, pourra disparaître, nous serons parfaitement inconnus du public et nous ne retirerons aucun honneur de nos efforts. Mais il y a dans ces efforts, dans ces pensées et dans ces sentiments, dans ces aspirations vers le mieux, quelque chose qui sera sauvé et qui durera.

Nous aurons été un anneau de la chaîne entre nos pères, qui ont cimenté l'œuvre de la Révolution française du meilleur de leur sang, et les générations futures, entre le concept du passé et le concept de l'avenir; nous aurons empêché qu'il ne se fît une lacune, un vide, un trou dans la trame du travail obscur et lent vers le progrès, et, si nous n'avions pas tenu notre partie, qui sait à quelles peines excessives auraient été obligés nos fils pour renouer la destinée, et même s'ils l'auraient pu? Ce sera peut-être le seul prix de nos veilles et nous ne le trouverons pas trop petit.

APPENDICE

RAPPORT SUR LA PROPOSITION DE LOI
RELATIVE A LA
CRÉATION DE CHAMBRES DU TRAVAIL
PRÉSENTÉ
AU NOM DE LA COMMISSION PERMANENTE
DU CONSEIL SUPÉRIEUR DU TRAVAIL

PAR M. HECTOR DEPASSE

MESSIEURS,

La commission permanente[1] a consacré à l'étude de la proposition de loi concernant la création de Chambres et de Conseils du travail onze séances, dont la plupart ont été fort laborieuses et toutes, remplies par la discussion souvent délicate des diverses parties d'un projet si important et si nouveau.

(1) Cette Commission est composée de MM. CHALLEMEL-LACOUR, JULES SIMON, LÉON SAY, MESUREUR, *vice-présidents;* APPERT, CHAMPOUDRY, COLSON, DELAUNAY-BELLEVILLE, DENIS-POULOT, HECTOR DEPASSE, DERVILLÉ, CONSTANT DEVILLE, GIBAULT, GUILLAIN, HEURTEAU, HUET, CL. JANIN, KEUFER, LABEYRIE, LAMENDIN, LYON-CAEN, MORON, C. NICOLAS, PORTAILLER, TOLAIN-SAINCÈRE, VILLARD, *membres.*

On peut dire que, dans le commencement, les avis ont été partagés, que des appréhensions se sont manifestées assez vivement, et que, peu à peu, à mesure que nous sommes entrés dans l'examen des articles, en les rectifiant, en les éclairant, écartant ce qui paraissait avoir un caractère trop accusé de réglementation et d'obligation pour faire à la liberté une place de plus en plus large, les appréhensions ont cessé, l'opposition a cédé, et enfin le projet, dans sa forme actuelle, a été adopté à l'unanimité moins une voix.

Tel qu'il se présente aujourd'hui, ce projet est l'expression la plus complète de l'esprit de liberté. Il ne commande rien, il n'ordonne rien, mais il indique, conseille et sollicite. Il offre un plan, un modèle pour l'organisation des chambres et des Conseils du travail. Il s'efforce de rapprocher le travail et le capital, les ouvriers et les patrons. Il leur apporte des règles et des moyens pour établir entre eux des explications permanentes et pour mettre en pratique, quand il en est besoin, les principes de la conciliation et de l'arbitrage. Il vise à faire la paix là où nous voyons trop fréquemment la guerre. En deux mots, c'est une loi de paix et de liberté; c'est là toute la loi.

La Commission s'est trouvée en présence de deux propositions, concernant les Chambres : l'une, de M. Mesureur, déposée pour la première fois à la Chambre en 1891 et reprise par son auteur en 1894, l'autre de M. Many. La commission les a examinées concurremment, les amendant l'une par l'autre, tantôt retranchant, tantôt ajoutant, et elle s'est arrêtée enfin au texte qui est aujourd'hui sous vos yeux.

Le rapporteur a présenté de son côté une proposition relative aux Conseils de travail émanant de l'initiative individuelle ou collective des travailleurs, ouvriers, employés et patrons.

Cette proposition, qui ne comprend que quelques articles très simples, a eu un sort extrêmement agité. Le rapporteur la considérait en quelque sorte comme la préface du projet plus complexe, concernant les Chambres du travail.

Il demandait à mettre en tête les trois ou quatre articles qui ont trait aux Conseils organisés librement par les travailleurs et par les chefs d'industrie, et ensuite le plan d'organisation des Chambres créées par le pouvoir. Il pensait que c'était la marche naturelle à suivre; que l'on irait ainsi du simple au composé, de l'individu à l'État. Il voyait dans cet ordre un avantage du plus grand prix et auquel il était personnellement très attaché : c'était de placer au frontispice de la loi, en pleine lumière, le principe d'initiative.

La proposition, dans son texte, a été adoptée par la Commission, mais ballottée du commencement à la fin et de la fin au commencement, elle a été, dans une dernière séance, placée définitivement à la fin du projet. Elle en est ainsi comme le *post-scriptum*, au lieu d'en être la préface.

Le rapporteur se permettra de dire qu'il tient toujours pour l'ordre qu'il avait proposé, il persiste à le croire le meilleur, mais il a suivi dans ce rapport l'ordre qui a fini par prévaloir auprès de la majorité.

A part cette divergence d'opinion, qui a trait seulement à la disposition des articles, le projet, tel qu'il est aujourd'hui, a réuni la Commission tout entière, moins une voix.

Il comprend quatre titres : 1° des Chambres du travail; 2° de la procédure de conciliation et d'arbitrage; 3° dispositions diverses; 4° des Conseils du travail.

TITRE PREMIER

DES CHAMBRES DU TRAVAIL

Le titre Ier a pour objet de reconnaître au Gouvernement le droit d'organiser partout où il le jugera à propos, soit de sa propre initiative, soit à la demande des intéressés, des Chambres du travail; puis il définit les attributions de ces Chambres ainsi que leur mode de formation.

ARTICLE PREMIER

Il est institué par décret, rendu en la forme des règlements d'administration publique, dans toute région industrielle où l'utilité en est constatée, soit d'office, soit à la demande des intéressés, patrons, ouvriers ou employés, une ou plusieurs *Chambres du travail.*

Cette formule ne restreint pas la liberté du Gouvernement d'instituer ou de ne pas instituer une Chambre du travail. Le Gouvernement est toujours juge de l'utilité.

Généralement il voudra attendre la demande des intéressés et il y donnera satisfaction s'il la croit utile et conforme au bien public; c'est une grande chance de succès si les intéressés se mettent en mouvement les premiers. Mais le Gouvernement pourra aussi prendre les devants. Son initiative est respectable et précieuse, autant que l'initiative des individus. Il peut arriver que les patrons seuls ou les ouvriers seuls commencent par demander la création d'une Chambre du travail. Le Gouvernement ne sera pas obligé d'attendre que les intéressés des deux catégories se soient mis d'accord au préalable pour lui adresser la demande. Il pourra accueillir favorablement la première initiative qui se manifestera; il pourra éveiller, par les moyens dont il dispose, l'initiative de l'autre partie plus lente. En tout cas il est libre et il reste libre.

Le domaine ou le territoire d'une Chambre du travail peut être une région industrielle, un district minier, un département, une ville. Une ville peut avoir plusieurs Chambres. Lorsque les intéressés, patrons et ouvriers, prennent l'initiative de se réunir, de s'entendre et de demander eux-mêmes une

Chambre du travail, ils déterminent par cela même ce que c'est que leur région industrielle. Ils en fixent le caractère et l'étendue. La tâche du Gouvernement est très simplifiée. Au reste, comme on le verra plus loin, la région industrielle est toujours déterminée par le décret qui l'institue, et ce décret est rendu en la forme des règlements d'administration publique, après avis du Conseil d'État.

ART. 2.

Les Chambres du travail ont pour mission :

1° De donner leur avis, soit à la demande du Gouvernement, soit à la demande des intéressés, et d'émettre des vœux sur toutes les questions concernant les conditions du travail;

2° De prévenir les différends collectifs entre patrons et ouvriers ou employés, et d'en faciliter la solution.

Les Chambres du travail ont pour mission, disons-nous, de donner des avis ou d'émettre des vœux sur toutes les questions de travail. Les avis leur sont demandés soit par le Gouvernement, soit par les intéressés. Les vœux sont l'expression spontanée de leur opinion. C'est une de leurs fonctions. Elles en ont une autre : prévenir les différends ou, si elles n'ont pu les prévenir, en faciliter la solution. Elles en facilitent la solution par tous les moyens que la raison a mis à notre service. L'examen et la discussion des difficultés pendantes, la conversation entre hommes raisonnables qui cherchent la vérité et la justice, la conciliation, l'arbitrage.

La conciliation et l'arbitrage sont traités plus loin, au titre III.

Ce n'est ici que l'indication la plus générale de la tâche conciliatrice et pacificatrice des Chambres du travail. Autant que possible prévenir le conflit et, si on n'a pu le prévenir, l'aplanir

ART. 3.

Les Chambres du travail *sont divisées* en *sections.*

Les sections sont composées de représentants de la même profession.

La compétence *territoriale* et *professionnelle* des Chambres du travail, le nombre et la composition de leurs sections, ainsi que le siège des sections et des Chambres, sont déterminés par le décret qui les institue.

Un nombre indéterminé de professions différentes peuvent être représentées dans une même Chambre, ou plusieurs parties distinctes d'une même profession. De là, la nécessité des sections. Une profession très complexe, comme celle du bâtiment, par exemple, peut former une Chambre; mais les diverses catégories de métier qui entrent dans l'industrie générale du bâtiment formeront chacune une section. On en dira autant des diverses branches de l'alimentation, qui pourront former les diverses sections d'une même Chambre. Mais on ne songera pas à réunir des parties de l'alimentation avec des parties du bâtiment.

Il s'agit de faire converser ensemble, sur choses qu'ils savent et qu'ils pratiquent, des hommes ayant les mêmes notions et des intérêts analogues; mais on n'essayera pas de faire intervenir dans un ordre de questions des patrons et des ouvriers qui y sont étrangers.

Il est bien difficile d'énumérer et de spécifier des professions dans un texte de loi. Le principe est clair et il suffit. Au reste, comme nous l'avons dit plus haut, le décret qui institue les Chambres fixe l'étendue de leur domaine et de leur compétence. C'est ainsi que les décrets portant création de Conseils de prud'hommes déterminent la compétence territoriale et professionnelle de ces Conseils.

ART. 4.

Chaque section est composée en nombre égal de patrons et d'ouvriers ou employés; le nombre total des membres de la section ne peut être inférieur à six ni supérieur à douze.

Cet article n'a pas besoin de commentaires. On peut discuter seulement sur les chiffres. *Six* et *douze* ont paru le *minimum* et le *maximum* de membres qui peuvent former une section assez et pas trop nombreuse pour délibérer avec gravité et avec fruit. Si chacune des sections comptait un trop grand nombre de membres, on comprend que l'assemblée plénière des Chambres deviendrait impossible.

ART. 5.

Dans chaque section les *délégués ouvriers* ou employés sont élus par les électeurs ouvriers ou employés, les *délégués patrons* par les électeurs patrons, réunis dans deux assemblées distinctes présidées par le maire ou un adjoint.

Sont électeurs : 1° tous les citoyens inscrits sur les listes électorales politiques; 2° les femmes françaises majeures ayant l'exercice de leurs droits civils, non frappées de condamnation entraînant la perte des droits politiques et résidant dans la commune depuis six mois au moins.

Les uns et les autres doivent appartenir à la même profession et l'exercer effectivement depuis deux ans au moins.

Sont éligibles les électeurs de la section, âgés de vingt-cinq ans accomplis.

Nous posons dans cet article la règle générale qui doit présider à l'élection des délégués. Il reste à établir une procédure électorale qui ne peut être fixée dans ses détails que par le règlement d'administration publique prévu à l'article 26. Il faudra que les listes des électeurs, ouvriers et employés, des deux sexes, soient dressées avec beaucoup de soin. Les listes des électeurs patrons seront, à cause de leur petit nombre dans chaque région, beaucoup plus faciles à faire et à vérifier. On pourra prendre modèle sur la procédure suivie pour l'élection des prud'hommes et nous dirons en passant que, comme nous nous sommes inspiré de la loi des prud'hommes en plus d'un point, on pourra encore y avoir recours utilement pour résoudre un certain nombre de difficultés d'application. Mais il ne faudra jamais perdre de vue les différences profondes qui séparent les Conseils de prud'hommes et les Chambres du travail.

Nous avons reconnu dans cet article le droit d'électorat aux femmes, mais il faut évidemment que les femmes électeurs réunissent les conditions juridiques exigées des Français pour qu'ils soient électeurs. C'est ainsi que nous avons dit : « Les femmes françaises, majeures, ayant l'exercice de leurs droits civils, non frappées de condamnation entraînant la perte des droits politiques », tandis que, pour les électeurs hommes, il nous a suffi de dire : « Les citoyens inscrits sur les listes électorales. »

ART. 6.

Les membres des sections de la Chambre du travail sont nommés pour trois ans et renouvelables par tiers tous les ans.

Sera considéré comme démissionnaire celui qui ne répondra pas à trois convocations successives, qui quittera la région ou abandonnera l'industrie qu'il représente.

Il est pourvu à la vacance lors du renouvellement annuel.

ART. 7.

Lorsque, pour une cause quelconque, les membres ne sont plus en nombre égal dans les deux catégories, le ou les plus jeunes membres de la catégorie la plus nombreuse n'ont que voix consultative.

ART. 8.

Chaque section se réunit au moins une fois par trimestre, à la mairie de la commune de son siège.

Elle est, en outre, convoquée lorsqu'elle est saisie d'un différend, ou sur la demande de la moitié de ses membres.

A propos du premier paragraphe de l'article 8, on s'est demandé pourquoi cette réunion une fois par trimestre, sans objet déterminé, sans ordre du jour, — cette réunion *en blanc*, suivant l'expression d'un des membres de la Commission.

On répondra facilement à cette question si l'on se rappelle dans quel esprit et pour quel objet sont instituées les Chambres du travail. Elles sont instituées pour que les patrons et les ouvriers puissent se tenir en rapport fréquent et familier les uns avec les autres, puissent se connaître, s'apprécier, s'entretenir des choses de leur profession, améliorer réciproquement leur éducation économique.

C'est là l'objet permanent et principal de toute cette loi. La conciliation et l'arbitrage ne viennent eux-mêmes qu'au second rang.

ART. 9.

Chaque section nomme tous les ans un président et un secrétaire, de telle sorte que l'un soit pris dans une catégorie et l'autre dans l'autre.

Chaque année, le président et le secrétaire sont pris

dans la catégorie à laquelle ils n'appartenaient pas l'année précédente.

A défaut d'élection ou par suite d'absence des titulaires, la section sera présidée par le plus âgé des membres présents; le plus jeune membre de la catégorie à laquelle n'appartiendra pas le président remplira les fonctions de secrétaire.

Ainsi lorsque le président sera un patron, le secrétaire sera un ouvrier, et lorsque le président sera un ouvrier, le secrétaire sera un patron. — Chaque année les rôles changeront, la catégorie qui aura eu le président aura le secrétaire et *vice versa.*

On s'est demandé s'il ne serait pas bon que chaque section eût un secrétaire permanent : il a été répondu que la Chambre du travail, dans son ensemble, voudrait sans doute avoir un secrétaire permanent et que ce secrétaire pourrait recevoir et conserver les archives de toutes les sections.

ART. 10.

La convocation d'une Chambre du travail en assemblée plénière, toutes sections réunies, est faite par arrêté du Ministre du commerce et de l'industrie. Cette assemblée a lieu au moins une fois par an.

Le Ministre peut également, par arrêté, convoquer une section ou en réunir plusieurs appartenant à la même Chambre du travail ou à des Chambres différentes.

Ces assemblées nomment leurs bureaux; les articles 11 et 13 leur sont applicables.

On voit, par cet article, que le droit du Gouvernement est entier. — Il y a, au moins une fois par an, une réunion de toute la Chambre. En dehors de cette assemblée générale, le Ministre peut réunir la Chambre ou une de ses sections ou plusieurs de ses sections, ou il peut réunir plusieurs sections appartenant à des Chambres différentes, s'il désire s'éclairer sur des questions de travail auxquelles il croit bon d'apporter les lumières de sections semblables empruntées à différentes Chambres, comme l'a dit M. Keüfer.

L'article ne prévoit pas la réunion de plusieurs Chambres en un même lieu; c'est le seul cas qu'il n'ait pas prévu. Il ne l'interdit pas non plus. L'initiative du Gouvernement est ici comme partout ailleurs dans ce projet entièrement respectée. Mais outre les difficultés presque insurmontables que rencontrerait une pareille réunion de Chambres différentes, on ne s'explique pas pour quelle cause le Gouvernement pourrait la désirer. Les Chambres du travail sont locales ou régionales, leur compétence territoriale est définie comme leur compétence professionnelle.

ART. 11.

L'arrêté de convocation fixe l'ordre du jour et la durée de la session.

La Chambre du travail, la réunion de sections ou la section qui sort de ses attributions peut être dissoute par décret rendu sur la proposition du Ministre du commerce et de l'industrie.

Le droit de dissolution appartient en propre au Gouvernement. Il décrète cette mesure dans sa souveraineté, quand il la croit nécessaire. Il ne demande pas l'avis du Conseil d'État. Nous n'avons pas dit cependant que la Chambre qui sort de ses attributions est *dissoute*, mais qu'elle peut l'être. Sans aller jusqu'à la dissolution immédiate, le Gouvernement a toujours le droit d'avertissement, qui peut lui paraître suffisant pour ramener une Chambre ou une section ou une réunion de sections à une plus exacte appréciation de leurs devoirs. Il a le droit aussi d'annuler les vœux, comme il le fait pour les assemblées locales, quand elles excèdent leur compétence.

TITRE II

DE LA PROCÉDURE DE CONCILIATION ET D'ARBITRAGE

A propos du titre III concernant la procédure de la conciliation et de l'arbitrage, la Commission s'est demandé si cette partie de la loi ne faisait pas double emploi avec la loi de 1892 sur l'arbitrage, si elle ne tendait pas à supprimer cette loi, à susciter des motifs de confusion, si, enfin, si elle était vraiment utile.

Il a été répondu à ces questions. La loi de 1892, telle qu'elle est, et dont nous n'avons pas à apprécier ici les résultats, demeure entière. On peut prévoir qu'un différend s'élève entre ouvriers et patrons dans une région, dans une localité qui ne possède pas de Chambre du travail. Il peut arriver aussi que la profession dans laquelle s'élève le conflit ne soit pas représentée dans la Chambre. Alors la loi de 1892 conserve toute son utilité.

Si les parties intéressées au litige ont une section professionnelle à laquelle elles peuvent s'adresser, rien ne les empêche cependant de recourir à la loi de 1892. Elles auront le choix entre deux procédures. Elles pourront aussi recourir à ces deux procédures successivement, si la première n'a pas réussi.

Quand les occasions de conflit et de guerre abondent entre les hommes, pourquoi leur mesurer avec tant de parcimonie les moyens de faire la paix?

A la lumière de ces principes les articles suivants deviennent absolument clairs :

ART. 12.

Lorsqu'un différend collectif s'élève entre patrons et ouvriers ou employés, il peut être porté devant la section de la profession, soit d'un commun accord, soit par une seule des parties intéressées.

Nous disons : « peut être porté devant la section ». Cette expression signifie à la fois que le recours à la conciliation et à l'arbitrage n'est jamais obligatoire, et qu'en tout cas le recours à la loi de 1892 est toujours possible, si on le préfère.

ART. 13.

Lorsque la section n'est saisie que par une seule des parties, son président notifie cette demande à la partie adverse dans les vingt-quatre heures; au reçu de cette notification et au plus tard dans les trois jours, les intéressés doivent faire connaître leur réponse. Passé ce délai, leur silence est tenu pour une acceptation.

On avait d'abord proposé de dire : « leur silence est tenu pour un refus », comme il est dit à l'article 4 de la loi du 27 décembre 1892. Nous avons préféré : « est tenu pour une acceptation », comme l'a proposé M. Lyon-Caen. Le rapporteur se plaît à dire ici combien il a été redevable aux lumières et à la science de M. Lyon-Caen, dans les points les plus délicats de la rédaction qui lui était confiée. En tenant le silence pour une acceptation, nous donnons une chance de plus à la réussite de la conciliation et de l'arbitrage. Il est trop commode de se réfugier dans le silence. On y regardera peut-être à deux fois avant de formuler par écrit un refus de tout essai d'entente et, si l'on refuse, on dira nettement pourquoi.

ART. 14.

Si les deux parties acceptent le principe de la conciliation, les intéressés désignent les membres qui doivent former le comité de conciliation; à défaut de cette désignation, la section les choisit sans que le nombre des personnes désignées pour chacune des parties, patrons et ouvriers, puisse être supérieur à cinq.

ART. 15.

Le comité de conciliation recherche le moyen de concilier les parties; si l'accord s'établit sur les conditions de la conciliation, ces conditions sont consignées dans un procès-verbal signé par les représentants des deux parties. Si un accord ne peut s'établir, le comité invite les parties à recourir à l'arbitrage; si elles acceptent l'arbitrage, elles désignent soit chacune un arbitre, soit un arbitre commun.

Mais les parties ne s'engagent pas d'avance à accepter la sentence de l'arbitre. La liberté absolue des intéressés est garantie par chaque ligne, par chaque mot de ces articles. On s'adresse à la section si on le veut, on s'explique devant elle, et déjà, de cette explication, peut naître un éclaircissement, une justification, un accord amiable, sans aller plus loin. On essaye de la conciliation, on essaye de l'arbitrage, si on le veut aussi, on ne franchit chaque pas de la procédure que si l'on y consent et on ne s'enchaîne jamais.

ART. 16.

Aucune condition n'est imposée aux parties pour le choix des arbitres.

Au cas où il est désigné deux arbitres, ceux-ci peuvent faire choix d'un tiers arbitre. La décision arbitrale est rédigée et signée par les arbitres.

Dans le cas où cette décision arbitrale est acceptée par les deux parties, elle est signée aussi par leurs représentants autorisés.

Si les arbitres n'arrivent à s'entendre ni sur la solution à donner au différend, ni sur le choix d'un tiers arbitre, l'échec de l'arbitrage est constaté dans un procès-verbal.

Même observation : aucun lien, aucune obligation. Nulle condition pour le choix des arbitres. Nulle nécessité de nommer un tiers arbitre. Dans la loi de 1892, si les parties ne s'entendent pas sur le choix d'un tiers arbitre, c'est le président du tribunal qui le nomme. L'expérience a prouvé que cette intervention du tribunal n'avait jusqu'à présent jamais réussi. Lorsque les arbitres en désaccord ne sont point parvenus d'eux-mêmes à se choisir un tiers arbitre, le tiers arbitre nommé par l'autorité est bien difficilement accepté par eux. Dans notre procédure d'arbitrage, l'autorité n'apparaît nulle part.

Tout est laissé à l'initiative, à la prudence, au bon vouloir des travailleurs et des patrons et de leurs Chambres.

Mais si l'arbitrage a réussi, alors il emporte avec lui la sanction. Cette sanction est définie dans l'article suivant :

ART. 17.

Les procès-verbaux des comités de conciliation ou d'arbitrage, constatant un accord, une convention ou un règlement entre patrons et ouvriers, font foi devant les juridictions compétentes des termes du contrat ou de la sentence arbitrale intervenus.

Cet article est emprunté presque textuellement au

projet de M. Many, qui s'en est expliqué en ces termes : « Les procès-verbaux des comités de conciliation et d'arbitrage font foi seulement des termes de la convention acceptée par les parties, c'est-à-dire qu'ils ont la valeur probante d'un acte authentique. » Ainsi l'une des parties nie et l'autre affirme que telle convention, accord ou règlement est intervenu entre elles, on se reportera au procès-verbal du comité de conciliation ou d'arbitrage, signé par les arbitres et par les parties ou par leurs représentants : ce procès-verbal fera preuve de la convention établie.

Une autre question est de savoir à l'égard de quelles personnes cette preuve aura son effet? Notre projet de loi n'a pas à répondre à cette question. Le document certain, la preuve authentique étant fournie, c'est au juge qu'il appartiendra de conclure, à la lumière du droit et des lois.

Cependant, on peut dire, d'une manière générale, sans entreprendre sur la liberté du juge, que la preuve aura son effet direct à l'égard des parties intéressées qui ont signé le document, et qu'elle acquerra, avec l'usage et la coutume, un effet indirect à l'égard des autres personnes, patrons et ouvriers, appartenant à la même profession, dans la même région.

Ainsi, suivant l'observation de M. Finance, ce document pourra acquérir une valeur analogue à celle de la série des prix de la ville de Paris, par exemple. Quand il n'y a pas de convention certaine, on a coutume d'appliquer ladite série en tenant compte des réductions en usage. Comme on n'a pas d'autre *criterium* que celui-là, on est heureux de s'y référer et, si l'application en est démontrée bonne par la suite, elle ne manque pas de se faire peu à peu à tous les cas semblables.

ART. 18.

Les procès-verbaux et décisions *mentionnés* aux articles 9, 20 et 21 ci-dessus sont conservés en minutes à la mairie, aux archives de la Chambre du travail, qui en délivre gratuitement une expédition à chacune des parties intéressées, et en adresse une au Ministre du commerce et de l'industrie, pour être insérée au *Bulletin de l'Office du travail.*

Ces procès-verbaux et décisions sont rendus publics par affichage à la place réservée aux publications officielles par les maires de chacune des communes qui sont le siège du différend.

ART. 19.

Tous actes faits en exécution de la présente loi seront dispensés du timbre et enregistrés gratis. Les affiches sont dispensées du timbre.

Ce sont là encore des sanctions et des avantages : le dépôt et la conservation des minutes à la mairie, l'affichage dans les formes officielles, la dispense du timbre. Les autres menues dépenses que peut entraîner la procédure de conciliation et d'arbitrage, telles que frais de poste, de télégraphe, etc., sont à la charge des parties.

TITRE III

DISPOSITIONS DIVERSES

ART. 20.

Les convocations, les notifications et l'expédition des procès-verbaux et décisions sont faites par les soins du secrétaire et du président de la section.

La commune devra fournir les locaux, chauffés et éclairés pour la réunion des Chambres du travail, des sections et des comités de conciliation et d'arbitrage.

ART. 21.

Les dépenses de secrétariat des Chambres du travail et des sections, les indemnités à allouer à leurs membres pour les assemblées plénières, seront fixées par arrêté du préfet du département et portées au budget départemental comme dépenses obligatoires.

ART. 22.

Un règlement d'administration publique déterminera les conditions d'exécution de la présente loi.

Ces articles se passent aisément de commentaires. Ils ne semblent pas devoir soulever de difficultés.

La commune qui possède une Chambre du travail lui fournit des locaux chauffés et éclairés : cette disposition ne trouvera guère son application que dans les mois d'hiver pour le chauffage et même pour l'éclairage, et comme les sections ne se réunissent qu'une fois tous les trimestres, on voit combien cette dépense sera minime pour les communes.

Quant aux frais de secrétariat, ils sont fixés par le préfet et portés au budget départemental.

Nous disons que les sections ne se réunissent nécessairement, d'après la présente loi, qu'une fois par trimestre; mais elles se réunissent aussi lorsqu'elles sont saisies d'un différend ou lorsque la moitié de leurs membres le demandent. On souhaitera sans doute, si l'on se pénètre de l'esprit de cette loi, que les sections se réunissent plus souvent que tous les trois mois, par la propre initiative de leurs membres; qu'elles prennent l'habitude d'avoir des entretiens périodiques sur les choses du travail, sans attendre que des différends s'élèvent ou que des conflits éclatent; et cependant, si l'on ne peut plus s'accorder, on trouvera toutes prêtes les différentes procédures de conciliation et d'arbitrage que nous offrons aux hommes de bonne volonté.

TITRE IV

DES CONSEILS DU TRAVAIL

Le titre relatif aux conseils du travail, que le rapporteur avait désiré voir en tête de la loi et non pas à la fin, paraîtra d'une simplicité extrême, mais il est aussi d'une extrême importance; d'abord parce que les Conseils mixtes de patrons et d'ouvriers ne peuvent absolument pas se passer de la garantie légale pour naître et subsister; il leur faut une place dans la loi si l'on veut qu'ils vivent; ensuite, parce que ces Conseils, si nous savons leur assurer l'existence, auront des effets moraux et sociaux extrêmement précieux.

L'initiative et la liberté sont partout dans cette loi; mais c'est vraiment ici qu'elles trouvent leur pleine et complète expression.

Les Conseils du travail se prêtent à toutes les formes, à toutes les expériences; leur diversité est aussi grande que la diversité même de l'industrie et du génie humain. Dans un pays industriel, minier, agricole, maritime, comme est la France, les Conseils du travail peuvent s'adapter à toutes les situations; ils suppléeraient à l'insuffisance, à l'imperfection de presque toutes ces lois du travail que nous faisons avec tant de peine et à tâtons.

Nous avons rencontré de nombreuses déceptions dans nos lois, si nécessaires, sur le travail des femmes et des enfants, sur la garantie des salaires, sur l'hygiène des ateliers, sur les syndicats professionnels de patrons et d'ouvriers, placés les uns en face des autres, sans trait d'union entre eux, comme des camps retranchés et ennemis. Si on imagine que les Conseils du travail, formés librement par les ouvriers et les patrons, entrent peu à peu dans la pratique industrielle, ce sont ces Conseils mêmes qui dénouent alors, comme ils l'entendent, et chacun à sa manière, selon les besoins et les mœurs des régions et des industries, presque toutes ces difficultés qui résistent invinciblement aux lois générales.

Voici une maison de commerce, une filature, un tissage, une mine, un chantier où s'est formé un Conseil du travail, sous l'inspiration de patrons et d'ouvriers intelligents. Les ouvriers ou les employés ont désigné quelques délégués; le patron s'est fait représenter par des directeurs ou des chefs qui ont sa confiance, il ne manque pas lui-même de prendre part au Conseil.

On se réunit le samedi soir, le dimanche matin, une fois, deux fois par mois, autour d'une table. On est en nombre égal, deux ou trois de chaque côté, plus ou moins comme on voudra, puisqu'on est libre et qu'on fait ce que l'on veut. On délibère sur les petits incidents de la période écoulée. On se dit les uns aux autres ce qu'on a sur le cœur. On examine les questions de salaires, d'heures de travail, d'hygiène, de règlement; c'est la famille industrielle créée ou retrouvée.

Si l'on n'arrive pas à s'entendre, on recourra à un médiateur, à un arbitre, et il sera bien établi que l'on ne se mettra plus en grève avant d'avoir au préalable épuisé toutes ces formes si variées de la médiation, de la conciliation et de l'arbitrage.

Si cette idée des Conseils du travail était nouvelle, inédite et jusqu'à présent inappliquée, produit incertain d'une imagination personnelle, on pourrait en éprouver de la défiance, mais, à la vérité, il n'est rien de plus ordinaire et de plus courant. Le malheur est qu'on l'applique sans la comprendre et, pour ainsi dire, sans la voir, et qu'on laisse stériles tous les excellents fruits et avantages qu'elle contient.

Chaque fois que des patrons et des ouvriers se sont réunis pour examiner une question qui les divisait, ils ont formé un Conseil du travail à leur insu. Presque tous les conflits entre ouvriers et patrons, tôt ou tard, bien ou mal, se terminent par une conférence. Les uns et les autres s'assemblent autour d'une table pour s'expliquer. Même on ne conçoit pas un autre moyen pour passer de l'état de guerre à l'état de paix. Toute grève qui ne se termine pas ainsi laisse après elle une situation précaire et pleine de menaces. Quand on est là assemblés, ouvriers et patrons, dans une salle de la mairie ou de la préfecture, quelquefois dans la salle réservée d'une hôtellerie ou d'un cabaret, il suffirait que cette idée vînt à quelqu'un : « Puisque nous nous sommes réunis avec profit, ayant terminé notre différend, prenons rendez-vous pour le mois prochain. Continuons de nous voir ainsi, demeurons en rapport les uns avec les autres. Nous venons d'arrêter les termes d'un accord : retrouvons-nous dans un mois, dans quinze jours, pour en surveiller l'application, pour en suivre la mise en pratique à travers les difficultés des circonstances changeantes. »

Et voilà le comité de travail fondé et constitué ! Il suffit de donner un caractère périodique à une conférence que l'on a inventée comme moyen extraordinaire de pacification et d'arrangement après une guerre ruineuse pour tous. Une réunion exceptionnelle, faite par hasard, devient une véritable institution sociale. Comme on s'est réuni une fois, on le peut deux fois et dix fois. Il n'est assurément rien dans la nature des choses et des hommes, dans le caractère d'ouvrier, ni dans le caractère de patron et de chef d'industrie, qui empêche de recommencer à époques fixes l'excellente réunion que l'on vient d'avoir.

La conférence extraordinaire a pu être trop nombreuse, avec trop d'apparat, pour être recommencée fréquemment dans les mêmes conditions; mais on la simplifie et on l'organise selon le train ordinaire de la vie industrielle. On aura un président et un vice-président, choisis tour à tour parmi les ouvriers et parmi les patrons, deux secrétaires pris dans chaque partie, un petit budget commun alimenté par les cotisations des deux syndicats. Les Conseils du travail ne suppriment pas les syndicats, et même il leur serait bien difficile de se soutenir sans les syndicats ; ils en sont le régulateur et le trait d'union.

Le Conseil aura des réunions mensuelles, il écoutera les plaintes et les réclamations, il vérifiera si la charte de travail est toujours bien respectée par les contremaîtres. On se dira mutuellement ses torts les uns aux autres. Les trois quarts des grèves seraient écartées par ce système.

La difficulté n'est pas toujours dans le maintien intégral et pur et simple de la charte ; elle peut être encore bien plus dans sa revision. Les contrats de travail ont besoin d'être incessamment revisés dans un monde industriel toujours en transformation et en mouvement. Le conseil mixte devient alors une assemblée de revision permanente.

Le travail n'est pas fait seulement de force mécanique ou musculaire, il est fait encore de bonne volonté, de belle humeur, de confiance réciproque, de collaboration morale. Nous ne saurons jamais quel puissant élément de travail sont les mœurs et le bon état d'esprit, jusqu'où iraient la productivité, la régularité, la performance du travail, avec des patrons et des ouvriers qui sauraient et voudraient s'entendre et qui travailleraient dans une sympathie intellectuelle réciproque. Un pareil état industriel, s'il est permis de le rêver, décuplerait la puissance productive, sans qu'il fût besoin d'y ajouter aucun nouvel effort de mécanique ni de tarifs.

Les Conseils du travail se font sans cesse, mais au hasard, sans suite et inconsciemment ; il faut un ou deux articles de loi pour leur donner la solidité et la conscience d'eux-mêmes. On pourrait retrouver les traces éparses et effacées de tels conseils ou assemblées de patrons et ouvriers dans notre histoire la plus ancienne, et on se tromperait fort si on les confondait avec les corporations. Étienne Boileau parle de patrons et d'ouvriers qui se réunissaient pour fixer ensemble les salaires : c'étaient des Conseils du travail au XIIIe siècle.

Ces observations nous dispensent de tout autre commentaire sur les articles du titre IV.

ART. 23.

Les patrons, ouvriers et employés des deux sexes, appartenant à un même établissement ou à une même profession, peuvent organiser d'un commun accord des Conseils mixtes pour examiner entre eux toutes les questions de travail qui les intéressent.

Ils peuvent également constituer des comités de conciliation et d'arbitrage.

ART. 24.

Les syndicats professionnels, patronaux, ouvriers ou mixtes, ont également la faculté de créer pour une profession déterminée des Conseils mixtes du travail, ainsi que des comités de conciliation et d'arbitrage.

ART. 25.

Le mode de formation et le fonctionnement des Conseils du travail, ainsi que des comités de conciliation et d'arbitrage, ne sont soumis à aucune condition. Ils peuvent être temporaires ou permanents.

ART. 26.

Les Conseils du travail et les comités de conciliation et

d'arbitrage, après la déclaration de leur constitution, signée des représentants des deux parties et déposée à la mairie, pourront, sur leur demande, bénéficier des articles 21, 22, 23 et 24, deuxième alinéa.

Les bénéfices des articles 21, 22 et 23 sont bien clairs, si l'on veut s'y rapporter. Les procès-verbaux des comités de conciliation et d'arbitrage, constitués par les Conseils du travail, ont la même valeur juridique que les procès-verbaux des même comités, constitués par les Chambres du travail. Les affiches et autres actes jouissent des mêmes immunités. Quant au deuxième alinéa de l'article 24, il donne aux comités de conciliation et d'arbitrage, constitués par les Conseils, le droit de siéger à la mairie, mais il ne donne pas aux Conseils eux-mêmes le droit d'y tenir leurs réunions ordinaires et de s'y installer en quelque sorte en permanence.

Les Conseils du travail se tiendront dans les locaux de l'industrie à laquelle ils appartiennent; c'est dans l'usine, dans la fabrique, dans le bureau de la mine ou du chantier que le conseil de famille voudra se réunir pour examiner les questions de travail et les incidents de la vie quotidienne.

Cette loi, nous l'avons dit, est, dans son ensemble comme dans chacune de ses parties, une loi de paix et de liberté; elle est aussi une loi d'enseignement mutuel et d'éducation réciproque. En définitive l'instruction, dans son sens large, est le fond de tout. Cette instruction ne se fait pas seulement dans les écoles, elle se fait plus encore dans le commerce quotidien de la vie et dans les relations des hommes les uns avec les autres. Les ouvriers et les patrons de notre temps ne se connaissent plus. Leur éducation, non seulement économique, mais politique, souffre cruellement de cette séparation. La solitude est mauvaise conseillère. Cette loi tend à rapprocher ceux qui sont aujourd'hui isolés et séparés; et, si elle ne donne pas d'abord tout ce qu'elle peut produire, nous n'en serons pas surpris, nous attendrons qu'elle développe ses effets avec le temps, l'expérience et le progrès des mœurs, au fur et à mesure que le monde du travail saura mieux l'apprécier et s'en servir.

Hector DEPASSE.

PROPOSITION DE LOI

RELATIVE A LA

CRÉATION DE CHAMBRES DU TRAVAIL

PRÉSENTÉ PAR

LA COMMISSION PERMANENTE
DU CONSEIL SUPÉRIEUR DU TRAVAIL

TITRE PREMIER

DES CHAMBRES DU TRAVAIL

ARTICLE PREMIER

Il est institué par décret, rendu en la forme des règlements d'administration publique, dans toute région industrielle où l'utilité en est constatée, soit d'office, soit à la demande des intéressés, patrons, ouvriers ou employés, une ou plusieurs *Chambres du travail.*

ART. 2.

Les Chambres du travail ont pour mission :

1° De donner leur avis, soit à la demande du Gouvernement, soit à la demande des intéressés, et d'émettre des vœux sur toutes les questions concernant les conditions du travail ;

2° De prévenir les différends collectifs entre patrons et ouvriers ou employés, et d'en faciliter la solution.

ART. 3.

Les Chambres du travail sont divisées en *sections*.

Les sections sont composées de représentants de la même profession.

La compétence territoriale et professionnelle des Chambres du travail, le nombre et la composition de leurs sections, ainsi que le siège des sections et des Chambres, sont déterminés par le décret qui les institue.

ART. 4.

Chaque section est composée en nombre égal de patrons et d'ouvriers ou employés; le nombre total des membres de la section ne peut être inférieur à six ni supérieur à douze.

ART. 5.

Dans chaque section les *délégués ouvriers* ou employés sont élus par les électeurs ouvriers ou employés, les *délégués patrons* par les électeurs patrons, réunis dans deux assemblées distinctes présidées par le maire ou un adjoint.

Sont électeurs : 1° tous les citoyens inscrits sur les listes électorales politiques; 2° les femmes françaises majeures ayant l'exercice de leurs droits civils, non frappées de condamnation entraînant la perte des droits politiques et résidant dans la commune depuis six mois au moins.

Les uns et les autres doivent appartenir à la même profession et l'exercer effectivement depuis deux ans au moins.

Sont éligibles les électeurs de la section, âgés de vingt-cinq ans accomplis.

ART. 6.

Les membres des sections de la Chambre du travail sont nommés pour trois ans et renouvelables par tiers tous les ans.

Sera considéré comme démissionnaire celui qui ne répondra pas à trois convocations successives, qui quittera la région ou abandonnera l'industrie qu'il représente.

Il est pourvu à la vacance lors du renouvellement annuel.

ART. 7.

Lorsque, pour une cause quelconque, les membres ne sont plus en nombre égal dans les deux catégories, le ou les plus jeunes membres de la catégorie la plus nombreuse n'ont que voix consultative.

ART. 8.

Chaque section se réunit au moins une fois par trimestre, à la mairie de la commune de son siège.

Elle est, en outre, convoquée lorsqu'elle est saisie d'un différend, ou sur la demande de la moitié de ses membres.

ART. 9.

Chaque section nomme tous les ans un président et un secrétaire, de telle sorte que l'un soit pris dans une catégorie et l'autre dans l'autre.

Chaque année, le président et le secrétaire sont pris dans la catégorie à laquelle ils n'appartenaient pas l'année précédente.

A défaut d'élection ou par suite d'absence des titulaires

la section sera présidée par le plus âgé des membres présents; le plus jeune membre de la catégorie à laquelle n'appartiendra pas le président remplira les fonctions de secrétaire.

ART. 10.

La convocation d'une Chambre du travail en assemblée plénière, toutes sections réunies, est faite par arrêté du Ministre du commerce et de l'industrie. Cette assemblée a lieu au moins une fois par an.

Le Ministre peut également, par arrêté, convoquer une section ou en réunir plusieurs appartenant à la même Chambre du travail ou à des Chambres différentes.

Ces assemblées nomment leurs bureaux; les articles 11 et 13 leur sont applicables.

ART. 11.

L'arrêté de convocation fixe l'ordre du jour et la durée de la session.

La Chambre du travail, la réunion de sections ou la section qui sort de ses attributions peut être dissoute par décret rendu sur la proposition du Ministre du commerce et de l'industrie.

TITRE II

DE LA PROCÉDURE DE CONCILIATION ET D'ARBITRAGE

ART. 12.

Lorsqu'un différend collectif s'élève entre patrons et ouvriers ou employés, il peut être porté devant la section de la profession, soit d'un commun accord, soit par une seule des parties intéressées.

ART. 13.

Lorsque la section n'est saisie que par une seule des parties, son président notifie cette demande à la partie adverse dans les vingt-quatre heures; au reçu de cette notification et au plus tard dans les trois jours, les intéressés doivent faire connaître leur réponse. Passé ce délai, leur silence est tenu pour une acceptation.

ART. 14.

Si les deux parties acceptent le principe de la conciliation, les intéressés désignent les membres qui doivent former le comité de conciliation; à défaut de cette désignation, la section les choisit sans que le nombre des personnes désignées pour chacune des parties, patrons et ouvriers, puisse être supérieur à cinq.

ART. 15.

Le comité de conciliation recherche les moyens de concilier les parties; si l'accord s'établit sur les conditions de la conciliation, ces conditions sont consignées dans un procès-verbal signé par les représentants des deux parties. Si un accord ne peut s'établir, le comité invite les parties à recourir à l'arbitrage; si elles acceptent l'arbitrage, elles désignent soit chacune un arbitre, soit un arbitre commun.

ART. 16.

Aucune condition n'est imposée aux parties pour le choix des arbitres.

Au cas où il est désigné deux arbitres, ceux-ci peuvent faire choix d'un tiers arbitre. La décision arbitrale est rédigée et signée par les arbitres.

Dans le cas où la décision arbitrale est acceptée par les deux parties, elle est signée aussi par leurs représentants autorisés.

Si les arbitres n'arrivent à s'entendre ni sur la solution à donner au différend, ni sur le choix d'un tiers arbitre, l'échec de l'arbitrage est constaté dans un procès-verbal.

ART. 17.

Les procès-verbaux des comités de conciliation ou d'arbitrage, constatant un accord, une convention ou un règlement entre patrons et ouvriers, font foi devant les juridictions compétentes des termes du contrat ou de la sentence arbitrale intervenus.

ART. 18.

Les procès-verbaux et décisions mentionnés aux articles 9, 20 et 21 ci-dessus sont conservés en minutes à la mairie, aux archives de la Chambre du travail, qui en délivre gratuitement une expédition à chacune des parties intéressées, et en adresse une au Ministre du commerce et de l'industrie, pour être insérée au *Bulletin de l'Office du travail.*

Ces procès-verbaux et décisions sont rendus publics par affichage à la place réservée aux publications officielles par les maires de chacune des communes qui sont le siège du différend.

Un affichage plus étendu de ces décisions pourra se faire par les parties intéressées.

ART. 19.

Tous actes faits en exécution de la présente loi seront dispensés du timbre et enregistrés gratis. Les affiches sont dispensées du timbre.

TITRE III

DISPOSITIONS DIVERSES

ART. 20.

Les convocations, les notifications et l'expédition des procès-verbaux et décisions sont faites par les soins du secrétaire et du président de la section.

La commune devra fournir les locaux, chauffés et éclairés pour la réunion des Chambres du travail, des sections et des comités de conciliation et d'arbitrage.

ART. 21.

Les dépenses de secrétariat des Chambres du travail et des sections, les indemnités à allouer à leurs membres pour les assemblées plénières, seront fixées par arrêté du préfet du département et portées au budget départemental comme dépenses obligatoires.

ART. 22.

Un règlement d'administration publique déterminera les conditions d'exécution de la présente loi.

TITRE IV

DES CONSEILS DU TRAVAIL

ART. 23.

Les patrons, ouvriers et employés des deux sexes, appartenant à un même établissement ou à une même profession, peuvent organiser d'un commun accord des Conseils mixtes pour examiner entre eux toutes les questions du travail qui les intéressent.

Ils peuvent également constituer des comités de conciliation et d'arbitrage.

ART. 24.

Les syndicats professionnels, patronaux, ouvriers ou mixtes, ont également la faculté de créer pour une profession déterminée des Conseils mixtes du travail, ainsi que des comités de conciliation et d'arbitrage.

ART. 25.

Le mode de formation et le fonctionnement des Conseils du travail, ainsi que des comités de conciliation et d'arbitrage, ne sont soumis à aucune condition. Ils peuvent être temporaires ou permanents.

ART. 26.

Les Conseils du travail et les comités de conciliation et d'arbitrage, après la déclaration de leur constitution, signée des représentants des deux parties et déposée à la mairie, pourront, sur leur demande, bénéficier des articles 17, 18, 19 et 20, deuxième alinéa.

TABLE DES MATIÈRES

ÉVREUX, IMPRIMERIE DE CHARLES HÉRISSEY

www.ingramcontent.com/pod-product-compliance
Ingram Content Group UK Ltd.
Pitfield, Milton Keynes, MK11 3LW, UK
UKHW020259230726
13925UKWH00001B/135

9 782016 198261